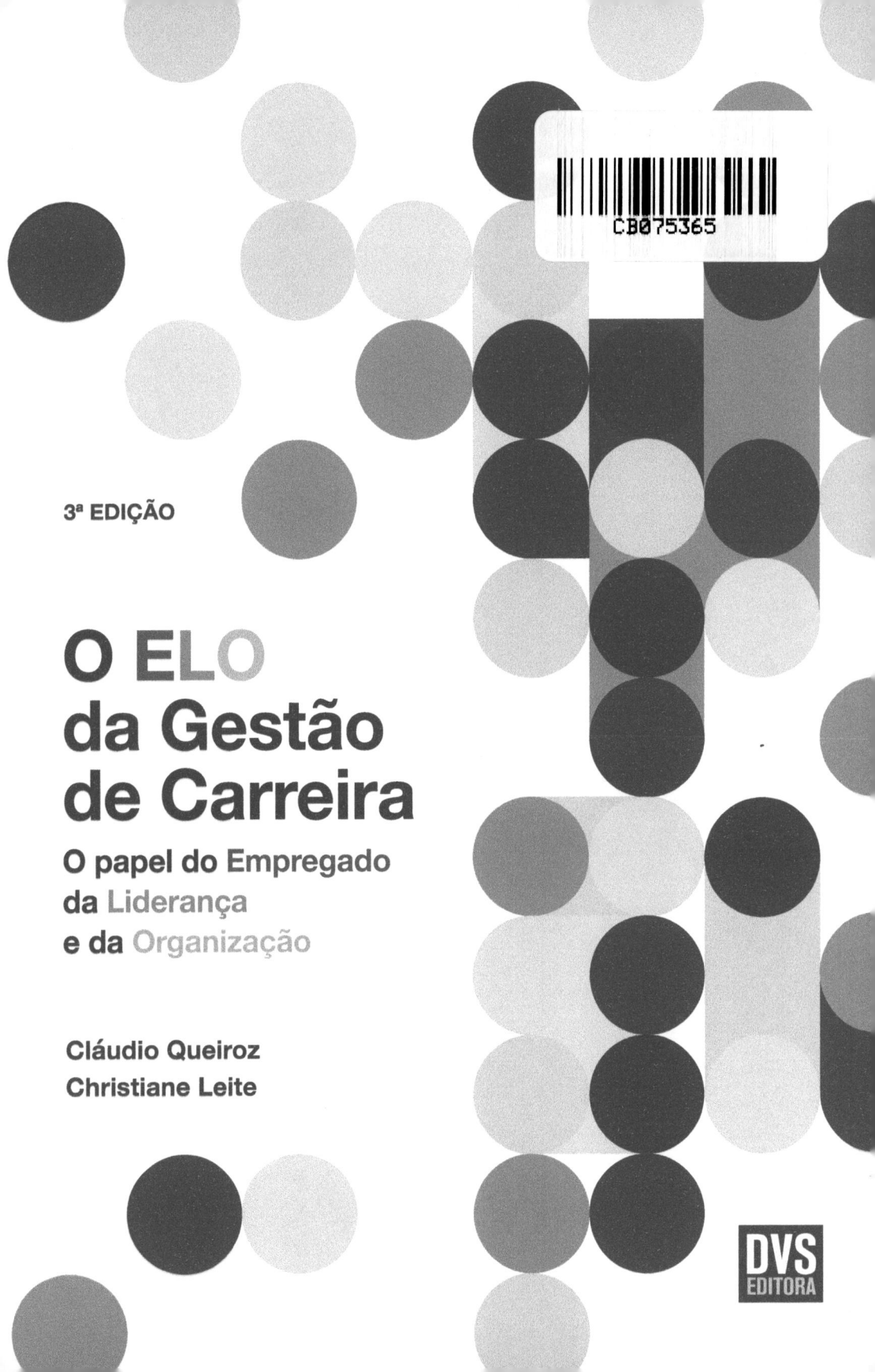

3ª EDIÇÃO

O ELO da Gestão de Carreira

O papel do Empregado
da Liderança
e da Organização

Cláudio Queiroz
Christiane Leite

DVS EDITORA

O ELO da Gestão de Carreira

O papel do Empregado
da Liderança
e da Organização

Cláudio Queiroz
Christiane Leite

www.dvseditora.com.br

O ELO
da Gestão
de Carreira

O papel do Empregado
da Liderança
e da Organização

DVS EDITORA 2011 – Todos os direitos para a língua portuguesa reservados pela Editora. 3ª Edição 2021.

Nenhuma parte deste livro poderá ser reproduzida, armazenada em sistema de recuperação, ou transmitida por qualquer meio, seja na forma eletrônica, mecânica, fotocopiada, gravada ou qualquer outra, sem a autorização por escrito dos autores e da Editora.

Diagramação: Konsept Design & Projetos
Capa: Zeca Coelho

Nota: Muito cuidado e técnica foram empregados na edição deste livro. No entanto, podem ocorrer erros de digitação, impressão ou dúvida conceitual. Para qualquer uma dessas hipóteses, solicitamos que envie mensagem ao nosso serviço de atendimento através do e-mail: atendimento@dvseditora.com.br. Assim poderemos esclarecer ou encaminhar sua questão.

```
Dados Internacionais de Catalogação na Publicação (CIP)
       (Câmara Brasileira do Livro, SP, Brasil)

    Queiróz, Cláudio
       O elo da gestão de carreira : o papel do
    empregado, da liderança e da organização /
    Cláudio Queiróz, Christiane Leite. -- São Paulo :
    DVS Editora, 2011.

       Bibliografia.
       ISBN 978-85-88329-71-3

       1. Administração 2. Carreira - Desenvolvimento
    3. Eficácia organizacional 4. Liderança
    5. Supervisão I. Leite, Christiane. II. Título.

11-13448                                    CDD-658.492
```

Índices para catálogo sistemático:

1. Liderança : Administração executiva   658.492

Os autores,
conjuntamente, agradecem:

À Caixa Econômica Federal, na figura de seus dirigentes e colaboradores, que nos proporcionaram, no papel de instrutores, a oportunidade de desenvolver o curso "Trajetória Profissional" (inicialmente denominado – Gestão de Carreira) e ministrá-lo para centenas de colegas.

Às patrocinadoras e madrinhas da ação educacional: Ana Telma Monte, Conceição Bemerguy e Janaina Daniel, que não mediram esforços para que uma ação local fosse estendida a milhares de colaboradores.

Aos professores Victor Mirshawka, Victor Mirshawka Junior e o editor Sergio Mirshawka, pelo incentivo na produção científica.

À Solange de Castro, companheira do início deste trabalho, que mesmo a distância continuou colaborando com suas maravilhosas reflexões e considerações.

À Maria Elisa de Macedo Soares, que também começou conosco este percurso e vibra pelo sucesso deste trabalho.

À Kátia Rebelatto, Célia Teixeira e ao Pedro Arnaut, que ministraram o curso Gestão de Carreira conosco.

Ao Zeca Coelho, criador e patrocinador da capa deste livro, que teve a sensibilidade de compreender o objetivo do livro e transformá-lo numa proposta criativa.

À Márcia Dias, revisora deste trabalho, nosso carinho e agradecimento.

Christiane Leite e Cláudio Queiroz

Aos meus pais, Bastos e Isolda, que me criaram estimulando o exercício de "escolhas conscientes" para a gestão de minha carreira.

Aos meus avós, João Batista e Odete, que com seus exemplos de vida me inspiraram sempre.

As todas as instituições de ensino que ministro e atuei, na figura de seus dirigentes, coordenadores e alunos, por me proporcionarem a oportunidade de aprender ensinando.

Aos meus eternos mestres e amigos, que me inspiram com suas contribuições, exemplos e reflexões.

Às empresas abaixo citadas, representadas por seus dirigentes e colaboradores, que me convidaram para conduzir treinamentos ou palestras:

AASP, Abresst, Albras, Agibank, Ambipar, Banco PAN, B2 – Experience em Publicidade Ltda., Biolab - União Química, Casembrapa, Cata Vento, Centauro, CIAGROUP, CIESP Castelo, CNA, Cobasi, Drager, ETCO – Eye Day Hospital, Escola Internacional de Alphaville, ETO – Eye Day Hospital, Eucatex, Euroflex, FENAG, Fillity Modas e Confecções, Fran's Café, FUNCEF, Fundação Brasil Criativo, Grupo Castro Martins, Grupo Empresarial Maxipas, Hospital do Coração (HCor), Hospital Alemão Oswaldo Cruz, Hospital das Clínicas de Ribeirão Preto, Hospital NIPO Brasileiro , Hospital Leforte, Hospital Samaritano (SP), Instituto Nacional Pesquisas Espaciais (INPE) – Ministério da Ciência, Tecnologia e Inovação, Instituto Thera, JL Online, Leão Engenharia, Livraria Cultura, MDHealth, MSD, Orizon, Prefeitura do Município de Sorocaba, Prefeitura do Município de Itapevi, Redeorto, Rotary International, São Cristovão Saúde, São Salvador Alimentos, Sistema Brasileiro de Televisão (SBT), Secovi/SP, Sercon Saúde e Segurança no Trabalho e Psicologia Organizacional, SG Tecnologia Clínica S/A, Sicoob Secres, Sirona, Sistema de Ensino Poliedro, Syntese Treinamento e Consultoria, Terapêutica, The Spemsa Group, Tribunal de Contas do Município de São Paulo, Trigo Brasil, Umicore, Unimed, Uniodonto, Veris Faculdade, Volkswagen do Brasil Indústria de Veículos Automotores Ltda, Zoetis, Yamaha e West Pharmaceutical. Em parceria com a empresa SimbolicaH (Ana Pegova, Atlas Schindler, Lagoa da Serra) e Sky (parceria com a empresa Thiene). Em parceria com a empresa ARQUITETURARH (Louis Dreyfus Company; Esporte Clube Pinheiros; Tokio Marine, Shire; Bradesco, Takeda).

Cláudio Queiroz

Escrever este livro me fez lembrar de muitas pessoas queridas, que em diferentes momentos da minha vida contribuíram para o meu desenvolvimento pessoal e, consequentemente, impulsionaram a minha carreira.

A todos vocês queridos amigos, família e colegas de trabalho, que dedicaram um tempo de suas vidas para compartilhar comigo momentos de alegria, sonhos e lágrimas e com quem tive o prazer de "tomar um cafezinho" em casa, no trabalho, na cidade, na praia, na fazenda ou na lagoa, o meu eterno agradecimento.

Aos meus pais, Waldyr e Regina, e meus irmãos, Dani e Junior, pelo amor, apoio e carinho que recebi durante toda a minha vida.

Ao Zeca, meu companheiro e elo da minha vida.

Christiane Leite

Sumário

Prefácio 11

Apresentação 3ª edição 13

Apresentação 15

Introdução 17

Capítulo 1 - O ELO da Gestão de Carreira 19

Capítulo 2 - O Empregado e a Gestão de Carreira 29

Capítulo 3 - O Líder e a Gestão de Carreira 57

Capítulo 4 - A Organização e a Gestão de Carreira 69

Filmes 95

Poesias 97

Considerações Finais 99

Referências Bibliográficas 101

Anexos...103

Prefácio

Às vezes fico meditando sobre as atribuições do meu trabalho e não resisto a fazer listas mentais que as separam em duas colunas: **deveres** e **prazeres**. Sempre escutei que quanto mais prazer você tiver na sua função profissional, menos ela se parecerá com o que se convencionou chamar de trabalho. Em princípio, concordo com essa afirmação, mas minha lista de **deveres** ainda não é nula. De qualquer maneira, quando posso me concentrar nos muitos **prazeres** que a minha atividade permite, a vida fica mais interessante.

Entre as tantas tarefas prazerosas que exerço no dia a dia, está a **pesquisa** que, em última instância e em sua forma mais simples, pode se resumir a uma leitura curiosa e interessada sobre os mais variados assuntos. Quando preciso pensar no portfólio de novos cursos a serem lançados pela área de pós-graduação da FAAP a cada semestre, invariavelmente pesquiso e faço buscas pelo termo **Carreira**, pois sei que meus futuros alunos certamente estão preocupados em como gerenciar a sua, portanto, os novos cursos precisam incorporar este ingrediente.

Nos últimos meses, o que mais me chamou atenção foi a quantidade de artigos recentes sobre as chamadas **Profissões do Futuro**. Diversos estudos transformados em textos de revistas ou em *papers* científicos reforçam a tendência de que o panorama de possibilidades das profissões crescerá de forma muito veloz, com o surgimento de alternativas de carreira inimagináveis há pouco tempo. Gosto muito do exemplo de carreira denominado **Gestor de Avatares**, ou aquele profissional que vai cuidar das personalidades/personagens virtuais que criamos no mundo computacional, nas diversas plataformas de relacionamento das redes sociais ou até em jogos *on-line* de múltiplos jogadores. Este tipo de profissão conjuga alguns ingredientes: é uma atividade muito recente, criada como decorrência do avanço tecnológico e para a qual não existe ainda uma linha de formação acadêmica específica. Como essa, muitas outras profissões interessantes ou intrigantes apareceram na minha pesquisa.

De qualquer maneira, fica a pergunta: como se preparar para estas profissões, quando sequer existe um passado sobre elas?

Uma das formas de aconselhar o profissional a gerenciar sua carreira aproveita o fato de que existe um eixo essencial de **competências, talentos e valores** que influenciam em qualquer linha de trabalho/carreira escolhida. Nesta direção, o livro também discorre sobre tais variáveis e apresenta exercícios que auxiliam o leitor a identificá-las.

Outra forma de reunir os elementos necessários para a Gestão de Carreira é certamente a leitura deste livro, por alguns motivos:

Primeiro, porque como já era de se esperar, considerando os autores, Cláudio Queiroz e Christiane Leite, esta é uma obra que aborda um assunto relevante de forma direta e prática, permitindo a rápida apreensão e aplicação dos conceitos.

Segundo, porque a proposta deste livro tem um alto grau de ineditismo. Nas obras próximas do assunto Gestão de Carreira, o foco está muito voltado ao indivíduo. Nesta, a investigação do acrônimo **ELO - Empregado, Líder e Organização** inclui estes últimos dois termos essenciais e discorre sobre a importância que este tripé representa na verdadeira Gestão de Carreira: o esforço e a consciência do indivíduo/empregado, a orientação, ou para usar termos mais modernos, o *coaching, mentoring* e *counselling* do líder e a influência da cultura organizacional no processo como um todo.

Terceiro, porque, na verdade, o que o livro oferece é uma verdadeira **estratégia** de mobilização de cada uma das partes do **ELO** em busca da efetiva Gestão de Carreira.

Posso afirmar que outra atividade prazerosa que exerço, com bastante honra, é prefaciar obras que vão agregar valor aos leitores, através da qualidade do conteúdo, da organização das ideias e do relato de experiências reais. Pois tudo isso está nas próximas páginas. Boa leitura!

Prof. Victor Mirshawka Junior
CEO - Pense Melhor Educação

Apresentação
(3ª edição)

Coincidência ou não, a terceira edição deste livro – "**O ELO DA GESTÃO DE CARREIRA**" – chega no mesmo ano em que vivenciamos uma pandemia sem precedentes, causada pelo novo Coronavírus ou simplesmente Covid-19.

As relações de trabalho foram diretamente impactadas pela exigência do isolamento social. Empresas, profissionais e lideranças tiveram de se adaptar e se reinventar em tempo recorde. Modelos de gestão mais ágeis, estruturas organizacionais e jornadas de trabalho mais flexíveis, delegação e liderança a distância, são alguns exemplos do que a pandemia impulsionou no universo das relações de trabalho.

O nível de confiança entre gestores e equipe foi colocado à prova. A autonomia e a produtividade foram testadas. A quantidade de horas de reuniões virtuais foi incontável. Novas habilidades tiveram de ser aprendidas e praticadas. Em paralelo, novas oportunidades surgiram com a implementação do trabalho remoto, com isso, as organizações se viram obrigadas a colocar suas equipes em regime de *home office*, uma modalidade tão desejada por muitos e temida por outros, que foi a solução para a manutenção das atividades laborativas. E os aprendizados foram muitos.

Se o mundo está sofrendo um turbilhão de mudanças, a gestão de carreira também. O papel do Empregado, assim como o da Liderança e da Organização continuam a ter responsabilidades distintas. A pandemia enfatizou a importância do protagonismo, reforçou o papel da liderança como fundamental na gestão de equipes virtuais e, em função desse novo cenário, as organizações precisaram rever suas políticas de recrutamento, meritocracia e carreira.

Desde o lançamento do livro em 2012, o mundo do trabalho presenciou o aumento exponencial das *startups*; do autoempreendedorismo impulsionado pelas alterações da legislação trabalhista brasileira; e a aplicação da tecnologia nas mais diferentes formas para otimizar a produtividade no trabalho, seja melhorando sistemas, seja no uso das mais diversas ferramentas.

O autoconhecimento nunca foi tão necessário. O segundo capítulo do **ELO,** dedicado à parte do empregado, continua fundamental para a gestão da própria carreira; e os exercícios propostos de autoconhecimento auxiliam a navegar de forma mais segura neste mundo em constante transformação e imprevisibilidade.

As lideranças, mais do que nunca, se mostraram fundamentais para gerenciar e conduzir mudanças nas suas equipes com o mínimo de impacto possível. *Lives* e ofertas de cursos *online* sobre gerenciamento de equipes virtuais explodiram nas redes sociais. Diante deste fato, temos a certeza de que os líderes que já vinham praticando as ações sugeridas no terceiro capítulo deste livro, tiveram sucesso na condução das mudanças impostas pela pandemia.

E o que dizer das organizações? Estas tiveram de se adaptar e/ou alterar suas estruturas em novos formatos organizacionais, como as que citamos no quarto capítulo do **ELO,** tornando-se mais virtuais, ágeis e flexíveis. O advento das *startups* dos últimos anos contribuiu para mudanças significativas nas relações de trabalho por meio de suas arquiteturas organizacionais, bem como para a criação de novas atividades, intimamente ligadas à tecnologia. Observamos, inclusive, a crescente busca das organizações, de qualquer tamanho ou indústrias, por processos com maior responsabilidade social, aspecto também contemplado no quarto capítulo.

Considerando-se os movimentos e acontecimentos do mundo do trabalho, mesmo diante de uma pandemia, as reflexões, dicas e exercícios deste livro continuam relevantes para aqueles que desejam contribuir positivamente para um mundo, acima de tudo, consciente, solidário e justo, seja utilizando seus potenciais em suas atividades profissionais, seja liderando equipes de alta performance, seja otimizando processos organizacionais de maneira a se tornarem empresas mais responsáveis socialmente, ambientalmente e economicamente.

Apresentação

Este livro não era para ser este livro. Mas tudo tem uma explicação. No início, éramos quatro pessoas compartilhando ideias e buscando informações sobre o sentido e o significado do trabalho, a realização profissional, os desafios das organizações em selecionar e reter talentos, a equação: satisfação profissional *versus* resultado organizacional, e tantas outras questões que nos levaram às primeiras reflexões acerca do tema: clima organizacional. Sim, esta era a ideia inicial. Mas a vida é feita de escolhas, e duas pessoas optaram por assumir outros compromissos que a vida lhes impôs. Ficamos nós dois – Christiane e Cláudio.

À medida que as discussões avançavam, nos demos conta de que estávamos tomando outro rumo, naturalmente. Os fatores que influenciam o clima organizacional – nosso estudo inicial – passaram a sinalizar outro caminho. Quanto mais estudávamos estes fatores, notávamos a presença marcante e interligada de três atores no mundo corporativo: os indivíduos (empregados) que buscam por meio do trabalho a realização profissional e o meio para atingir seus desejos pessoais; os gestores (liderança) que, ao mesmo tempo, buscam a realização profissional e pessoal, como os demais empregados, e que também desempenham o papel de orientadores do desenvolvimento profissional de sua equipe; e, por fim, a própria organização que, muito mais do que apenas uma estrutura, é uma unidade social na qual interagem pessoas que são afetadas por suas políticas e processos. Surgindo aí, o "**ELO**".

E a carreira? Bem, este assunto é uma de nossas paixões antigas. "Escrevam sobre o que o coração está cheio", alguém nos disse. E tudo fez sentido.

Demo-nos conta de que hoje, a gestão de carreira está mais para o autogerenciamento de carreira. E não faltam livros sobre como gerenciar a carreira, como ser um profissional de sucesso, e assim por diante. Mas, por que é tão difícil?

Não há como negar que a gestão da carreira profissional é algo indelegável. Mas o que observamos é que não basta somente o indivíduo fazer a sua parte. A liderança e a organização são corresponsáveis em prover condições adequadas para que os empregados potencializem seus talentos e competências.

Portanto, caro leitor, a proposta deste livro é mostrar a importância de identificar o seu papel e responsabilidades na estruturação e gestão de carreira, seja você uma pessoa com poder de estruturar a própria carreira, com poder de liderança ou com poder de influenciar mudanças organizacionais.

Encha seu coração!

Introdução

O objetivo deste livro é abordar estratégias e conceitos que auxiliem o **E**mpregado, a **L**iderança e a **O**rganização a identificar seus papéis e suas responsabilidades na estruturação e gestão de carreira.

Se por um lado, o mundo corporativo carece de profissionais conscientes da responsabilidade na gestão de suas carreiras, as lideranças e as organizações também necessitam identificar a sua corresponsabilidade em prover condições adequadas para que os empregados potencializem seus talentos e competências.

Historicamente, os livros publicados se restringem a abordar os aspectos de gestão de carreira, de responsabilidade do empregado. Neste livro, o diferencial consiste em integrar os diferentes atores, definindo os papéis e as responsabilidades de cada um, descritos aqui em quatro capítulos.

O primeiro capítulo apresenta o desafio da gestão de carreira hoje e a interdependência entre a organização, a liderança e o empregado pelo alcance dos seus objetivos, sejam eles pessoais ou organizacionais.

O segundo capítulo define as etapas e as responsabilidades do empregado na gestão de sua carreira.

O terceiro capítulo aborda o impacto e as responsabilidades da liderança na gestão de carreira do empregado.

E por fim, o quarto capítulo traz as ações que devem ser consideradas e implementadas pelas organizações para atrair, potencializar e reter talentos por meio da estruturação de planos de carreira.

A pretensão deste livro é provocar uma reflexão e sinalizar um caminho. Com a expectativa de que possa estimular a troca de ideias durante o "cafezinho", quando muitas vezes surgem *insights* e as decisões são tomadas. Afinal, gestão de carreira é algo sério, que impacta na vida da pessoa e nos resultados da organização.

O café está servido!

CAPÍTULO 1
O ELO da Gestão de Carreira

Pela primeira vez, literalmente pela primeira vez, um número substancial e crescente de pessoas tem a possibilidade de fazer escolhas. Pela primeira vez, as pessoas terão de administrar a si próprias. E é preciso que se diga uma coisa: elas estão totalmente despreparadas para isso.

(Peter Drucker)

A verdadeira revolução social é a mudança de uma vida amplamente organizada para nós... Para um mundo no qual somos todos forçados a estar no comando de nosso próprio destino.

(Charles Handy)

Capítulo 1

A importância do empregado em assumir a responsabilidade pela gestão de sua carreira é recorrente. Entretanto, ele, sozinho, nem sempre atinge o sucesso. Isto porque a equação da gestão de carreira tem três variáveis: **E**mpregado, **L**ideranças e **O**rganização, a partir das quais, forma-se um eixo de sustentação que chamamos de **ELO**. A responsabilidade compartilhada dos três atores na gestão de carreira torna o empregado **um dos componentes** e não apenas o **único**.

O foco desta abordagem não é encontrar culpados, mas simplesmente clarificar papéis, responsabilidades e ganhos. Afinal, cada participante do **ELO** da gestão de carreira é beneficiado por esta atuação integrada. **ELO**, portanto, é uma **estratégia** de atuação organizacional na medida em que proporciona crescimento para as três partes, tornando a relação entre os participantes transparente e cooperativa.

Isto minimiza muito um dos maiores problemas do mundo organiza-cional – a falta de comunicação. A clarificação de responsabilidades nivela expectativas e minimiza frustrações e desmotivação.

Os benefícios são potencializados e acelerados quando cada qual tem claro, em mente, o que fazer e as três partes do **ELO** cumprem o seu papel.

Esta estratégia auxilia na gestão do mundo organizacional, muitas vezes fragmentada e carente de confiança, pois as três partes se ressentem da atuação ou ausência de ação umas das outras.

ELO é uma proposta para ressignificar relações, potencializar parcerias e, acima de tudo, encurtar caminhos e atingir resultados para as partes envolvidas. Enfim, é o resgate das relações, tendo como base a confiança. A confiança de que cada um vai fazer o seu melhor.

A estratégia **ELO** pode ser implantada em qualquer organização, basta que as três partes se disponham a sentar para tomar um café, pois, no Brasil, é no cafezinho que as pessoas conversam de verdade. É nessas conversas que cada um apresenta suas expectativas de forma franca, transparente e honesta, cada qual fala sinceramente o que pode e não pode fazer, o que espera que a outra parte realize, que se assume o compromisso de cumprir cada qual a sua parte, gerando um comprometimento, um **"ELO"**.

É óbvio que o canal de comunicação deve sempre estar aberto, pois novas variáveis surgem, levando as partes a repactuarem e definirem sua atuação.

O **ELO** em ação proporciona muitos benefícios para cada uma das três partes.

As vantagens da estratégia **ELO** para o **E**mpregado, o auxiliam a:

➤ assumir a gestão de sua carreira;

➤ descobrir suas prioridades e a responsabilizar-se pelo seu próprio desenvolvimento;

➤ direcionar o autodesenvolvimento;

➤ identificar critérios para promoção, remuneração e reconhecimento;

➤ aumentar a realização e a satisfação pessoal e profissional;

➤ ter uma sensação de segurança, de estabilidade relativa;

➤ elevar a consciência sobre si, seus objetivos e escolhas;

➤ estimular o desempenho no papel ocupado na empresa;

➤ fornecer um "mapa de carreira" e de oportunidades;

➤ ter uma maior probabilidade de alinhamento entre características individuais e cargo ocupado na empresa;

➤ mobilizar para consolidar a capacitação de modo a atender às expectativas do mercado de trabalho e alcançar o objetivo definido;

➤ identificar oportunidades dentro e fora da empresa;

➤ identificar o rumo/foco da carreira profissional;

➤ identificar e concentrar energia e esforços para o alcance dos seus objetivos;

➤ elaborar estratégias para o alcance dos objetivos;

➤ direcionar esforços para aquisição dos conhecimentos necessários ao cargo requerido, minimizando o desperdício de tempo;

➤ construir um projeto de carreira, ligando presente, passado e futuro;

➤ fazer escolhas que deem sentido ao trabalho;

➤ fazer um planejamento de carreira;

➤ participar de recrutamento interno para novas posições, incluindo diferentes localidades;

- potencializar o seu poder pessoal;
- reduzir o comportamento de vítima (culpar os outros pelos insucessos);
- sinalizar as possibilidades de mobilidade interna.

As vantagens da estratégia **ELO** para o **L**íder, o auxilia a:

- atrair talentos para a equipe;
- facilitar práticas de promoção, reconhecimento e valorização do empregado;
- ser fonte de orientação de desenvolvimento para a sua equipe;
- fornecer subsídios para orientação profissional de sua equipe;
- melhorar o uso qualitativo do tempo;
- melhorar o relacionamento e a comunicação em equipe;
- estruturar *feedbacks* para a equipe;
- estruturar novas atividades e áreas;
- promover melhorias no clima organizacional;
- motivar e engajar a equipe;
- preparar sucessores;
- alcançar os objetivos estratégicos com mais facilidade;
- valorizar os talentos da equipe.

Considerando que o Líder tem papel duplo (de empregado e líder), ele é duplamente beneficiado.

As vantagens da estratégia **ELO** para a **O**rganização, a auxilia a:

- atrair novos talentos dispostos a trabalhar na empresa que usa a estratégia **ELO**;
- criar condições para que novos e antigos empregados comecem a se preocupar com suas carreiras;
- deixar claro que todo empregado é corresponsável de seu talento, ou seja, ele também é responsável pelo seu desenvolvimento pessoal e profissional;

- elevar a *performance* dos empregados;
- promover maior alinhamento entre valores da empresa e valores de seus colaboradores;
- promover melhorias na qualidade de vida e redução do estresse no trabalho;
- promover melhoria no clima organizacional;
- promover melhoria no processo de aprendizado de todos, o que potencializa melhores resultados para o **ELO**;
- identificar e valorizar os talentos;
- alcançar os objetivos estratégicos com mais facilidade;
- alcançar o direcionamento profissional dos colaboradores;
- preparar pessoas para saírem da carreira ou da empresa a partir de um determinado ponto de suas trajetórias;
- proporcionar mais segurança e transparência ao modelo de gestão.

Fica claro, então, que todos saem ganhando com a implantação da estratégia **ELO**.

A GESTÃO DE CARREIRA E O CONTEXTO HISTÓRICO

Visitar um pouco da história proporciona um entendimento de como as relações entre empregado, líderes e organização se estabeleceram. Essa viagem no tempo demonstra a importância do **ELO** no resgate de coisas boas que foram se perdendo, e na observação de novas variáveis que auxiliam as pessoas a conviverem melhor com os novos desafios.

Entender o contexto, ajuda a entender o texto. E, ratificando as citações iniciais de Peter Drucker e Charles Handy, estamos todos aprendendo a nos relacionar com novas variáveis.

Após a Segunda Guerra Mundial, com o crescimento econômico ocidental e da oferta de emprego, as organizações buscavam uma força de trabalho estável e, com esse propósito, passaram a investir em planos de carreira para conseguir essa lealdade. O plano de carreira era marcado por vários níveis hierárquicos e composto por degraus de ascensão. Limitava-se a ser um plano de cargos e remuneração, apenas.

Para o empregado, sinalizava que a recompensa pelo seu desempenho seria automática, num processo de ascensão contínuo e de longo prazo. A relação de emprego tinha uma conotação duradoura e permanente. As pessoas permaneciam anos a fio em uma única organização e suas carreiras eram definidas pela própria organização e lideranças.

Esse modelo responsabilizava o Líder e a Organização pelo papel de motivar e garantir o êxito do colaborador na gestão de sua carreira. Esta equação trazia desafios e incongruências em sua estrutura, pois de uma forma velada atribuía-se a estes dois parceiros a culpa total pelo insucesso do colaborador na gestão de sua carreira.

A partir dos anos 1970, com o decréscimo dos empregos, passou a ser cada vez mais difícil o conforto de uma carreira longa em uma única empresa e a promoção anual numa hierarquia estruturada em níveis verticais.

Para Dutra (2010), as discussões acerca da gestão de carreiras começaram na década de 1980, a partir daí, as organizações passaram a compor seus centros de carreira e a se preocupar com os processos de recrutamento interno, bem como a gerar uma base de dados consistente para uma gestão de carreira mais adequada.

Com o rápido crescimento da economia americana, as empresas precisavam ser mais eficientes, ágeis, flexíveis e ter custos menores. Dessa necessidade, surgiram as reestruturações, as reengenharias e a terceirização, e com isso, os empregados viram suas carreiras ameaçadas pela eliminação de vários cargos de média gerência (*downsizing*), além de uma redução efetiva de pessoal.

Foi uma época marcada pela globalização, pelo aumento de competitividade e pela redução de custos, alta tecnologia e qualidade.

Este pensamento global, com aumento da competitividade e maior flexibilidade, refletiu também nas carreiras das pessoas, e estas passaram a formar suas redes de relacionamento, a aproveitar as oportunidades de aprendizagem com foco em desenvolvimento contínuo, e tornaram-se, cada vez mais, prestadoras de serviço, ao invés de buscarem um emprego estável.

Empregabilidade, autogestão de carreira, carreiras sem fronteiras e carreiras inteligentes passaram a dominar o mundo corporativo.

No Brasil, as mudanças econômicas e organizacionais acompanhavam as tendências mundiais, mas não necessariamente ao mesmo tempo.

Nos anos 1970, o Brasil foi marcado pela ditadura e pela repressão aos sindicatos. A mão de obra era de baixa qualificação e a carreira na empresa era confundida com a própria vida do empregado.

Nos anos 1980, foi a vez da estagnação econômica, da hiperinflação, dos planos econômicos, da redução de postos de trabalho e demissões. A gestão de carreira praticamente não existia, as organizações focavam na descrição de cargos, requisitos de avaliação e a carreira era apenas uma sequência de cargos.

Ao mesmo tempo em que o avanço da tecnologia marcou os anos 1990, o desemprego também marcou presença. A abertura dos mercados exigiu uma maior competitividade, passando igualmente por privatizações, *downsizing*, reengenharia, contratos com pessoas jurídicas e terceirização. As palavras de ordem eram "novas possibilidades de carreira e empregabilidade".

Globalização, responsabilidade social, ambiental e sustentabilidade são as marcas das organizações atuais. Fusões e aquisições passam a acontecer em grande velocidade e as carreiras gradativamente tornam-se sem fronteiras.

Apesar das mudanças nas estruturas das empresas e no comportamento dos trabalhadores, as carreiras voltadas a organizações fortemente estruturadas ainda têm seu lugar no atual cenário do trabalho. No entanto, a probabilidade de se fazer carreira em uma única organização é cada vez mais rara.

Estamos num momento histórico, no qual encontramos desde as carreiras tradicionais (operacionais, profissionais, gerenciais e paralelas), bem como as novas carreiras (proteanas, sem fronteiras) e as carreiras inteligentes.

Por um lado, as organizações são impulsionadas a modificar suas estruturas de emprego com carreiras tradicionais e a buscar alternativas frente à nova lógica social e econômica. As pessoas, por outro lado, se sentem menos seguras em todos os níveis hierárquicos, os contratos são de curto prazo, e percebem que sua mobilidade dentro da organização ou no mercado de trabalho depende de sua flexibilidade no trabalho e de seu desenvolvimento contínuo.

Neste contexto, as relações de trabalho deixaram de ser permanentes, de padrões rígidos, de valorizar a lealdade e passaram a ser temporais, flexíveis, a valorizar o desempenho e o perfil do empregado, o aprendizado contínuo, entre outros valores e, com isso, surgem as novas carreiras: proteanas, sem fronteiras e as carreiras inteligentes.

a) **Carreira Proteana:** O nome se refere ao deus grego do mar, Proteu, que mudava sua forma corporal de acordo com a sua vontade. Logo, significa que a própria pessoa molda e gerencia a sua carreira, e não a organização.

b) **Carreiras sem Fronteiras:** Como o próprio nome sugere, estas carreiras são independentes e autônomas e não se restringem a uma única organização. Elas se sustentam em redes de relacionamento e de informação. As oportunidades de carreira deixam de ser apenas a progressão vertical dentro da própria organização, e se expandem numa linha lateral de oportunidades no mercado de trabalho, em diferentes organizações e diversas configurações de relação de trabalho. As pessoas buscam desenvolver competências que abram novos caminhos, que gerem mais autonomia e mobilidade em suas carreiras, e que ao mesmo tempo possibilitem conciliar seus interesses profissionais e pessoais. O empregado permanece numa organização não pela lealdade, mas pela possibilidade de desenvolvimento e aprendizagem pessoal.

c) **Carreiras Inteligentes:** Em um mundo sem fronteiras, para garantir a mobilidade entre organizações, é preciso desenvolver competências transferíveis entre empresas. Estas carreiras são baseadas pela acumulação da educação, trabalho e experiência de vida e se somam como capital de carreira, transformando-se em competências pessoais transferíveis entre diferentes organizadores que, de acordo com Balassiano e Costa (2010: 113), são:

➤ *Knowing-how* (habilidades e especialidades individuais relevantes para o trabalho).

➤ *Knowing-why* (reflete a identidade e a motivação individual, o significado pessoal e a identificação com o trabalho).

➤ *Knowing-whom* (reflete as relações interpessoais e *networks* importantes para o trabalho).

Apesar de a mobilidade entre organizações e projetos ser uma das características desse tipo de carreira, é possível a construção de carreiras inteligentes, na medida em que as pessoas desenvolvam essas competências, mesmo quando vinculadas a uma única organização. A percepção sobre a possibilidade de desenvolvê-las, provavelmente, influencia a maneira como a pessoa se vincula à organização.

A estratégia **ELO** propõe, à luz do contexto histórico, uma revisão dos papéis e responsabilidades. O empregado continua sendo, simultaneamente, autor e responsável em primeira instância por sua carreira, ao passo que os líderes e a organização tornam-se parceiros e corresponsáveis pelo sucesso do empregado.

A estratégia **ELO** em ação gera benefícios significativos para **E**mpregados, **L**íderes e **O**rganização.

Vamos à prática!

Capítulo 2

O Empregado e a Gestão de Carreira

Sou o senhor do meu destino. Sou o capitão da minha alma.

(William Ernest Henley)

Capítulo 2

É recorrente ouvirmos que a gestão de carreira está em nossas mãos. Entretanto, como apresentado no primeiro capítulo, existem outros atores que influenciam e interferem na velocidade e alcance dos nossos objetivos de carreira.

Empregabilidade e autogestão de carreira estão na moda, mas apesar de todo o esforço, nem sempre o objetivo é alcançado. Por vezes, faltam estratégias e ações estruturadas de modo a potencializar a velocidade e o alcance de nossos sonhos.

O que você pode fazer? Por onde começar?

Este capítulo vai auxiliá-lo a percorrer este caminho de forma planejada e intencional, encurtando o percurso e poupando tempo e energia.

Para que você obtenha êxito, é importante investir o tempo necessário para analisar e planejar o que fazer em cada uma das etapas do processo da gestão de carreira. Portanto, siga o percurso, faça suas reflexões, anotações e defina suas ações.

As etapas do processo de gestão de carreira são:

- Autoconhecimento.
- Oportunidades e ameaças.
- Objetivos e metas.
- Formulação das estratégias.
- Implementação das ações.
- Controle.

ETAPA 1 – AUTOCONHECIMENTO

O autoconhecimento é uma busca constante. Vale lembrar a célebre citação de Sócrates "Conhece-te a ti mesmo". Isto deixa claro que desde remotas eras, já existia a sinalização da importância de o homem se conhecer.

Mais do que nunca, a velocidade das mudanças estimula este olhar para dentro. Os momentos difíceis, desafiadores e de crises são oportunidades que se abrem para o autoconhecimento. A maneira como a pessoa reage nestas situações define a diferença entre aqueles que aproveitam estes momentos para se descobrir e aqueles que buscam culpados e entram num processo de vitimização.

Sun Tzu, em seu livro *A Arte da Guerra*, fala da importância do autoconhecimento para enfrentar qualquer desafio, e a gestão de carreira não foge desta orientação: "Se você conhece o inimigo e conhece a si mesmo, não precisa temer o resultado de cem batalhas. Se você se conhece, mas não conhece o inimigo, para cada vitória ganha sofrerá também uma derrota. Se você não conhece nem o inimigo nem a si mesmo, perderá todas as batalhas".

No Oriente, cita-se que os Japoneses conheciam três poderes: "o poder da espada, o poder da joia e o poder do espelho". A espada simboliza o poder das armas. A joia representa o poder do dinheiro. O espelho significa o poder do autoconhecimento. E este último favorece o indivíduo a ter consciência de si, facilitando o autodomínio, além de explicitar o sentido de sua vida, o que potencializa a automotivação.

Em que pese a relevância deste conceito, no Ocidente, é comum as pessoas se envolverem no redemoinho do dia a dia, e raramente ou nunca param para refletir, ou pensar sobre si mesmas e se questionar.

No mundo organizacional, utiliza-se uma ferramenta de análise estratégica denominada SWOT, que mapeia as forças, fraquezas, oportunidades e ameaças.

A análise das forças e fraquezas internas nas organizações tem como objetivo identificar as áreas e os itens que favorecem e que dificultam o alcance dos objetivos estratégicos. Da mesma forma, o autoconhecimento permitirá identificar fatores que auxiliam ou dificultam o alcance de seus objetivos de carreira.

O uso da ferramenta SWOT na gestão de carreira não é uma prática comum. Pior ainda quando as pessoas focam suas energias e análises somente nos pontos fracos. Ter consciência de seus pontos vulneráveis é importante para que estes não prejudiquem o alcance dos seus objetivos, mas seus pontos fortes são seus diferenciais competitivos!

Os pontos fortes são suas forças e os pontos fracos devem ser observados quando se tornam ameaças. Por exemplo: o ponto forte de uma gestora é a sua capacidade de alcançar resultados, mas o seu ponto fraco é o relacionamento interpessoal, que influencia o resultado final em função do descontentamento de sua equipe. No momento em que ela decidiu gerenciar sua carreira, durante a etapa do autoconhecimento, percebeu que se mantivesse sua postura não iria progredir na empresa em que estava.

O Anexo I contém um formulário para auxiliar na identificação de seus pontos fortes e seus pontos a desenvolver.

Alertamos para o fato de que o levantamento das forças e fraquezas deve levar em consideração a realidade da organização ou do ambiente em que você deseja atuar. Por exemplo: quando uma empresa é comprada por outra, geralmente de patamar melhor, em pouco tempo, vários profissionais que estavam bem no contexto anterior são demitidos ou recebem orientação para que se desenvolvam no menor espaço de tempo possível. Por isso, o que era ponto forte pode ter se tornado um ponto fraco.

A próxima etapa é fazer um "Inventário Existencial" cujo objetivo é buscar em si as informações que favoreçam o autoconhecimento. Neste inventário constam os seguintes itens:

- Valores.
- Crenças.
- Perfis comportamentais.
- Talentos.
- Medos.
- Âncoras de carreira.
- Competências.
- Saberes.

Convidamos você a fazer uma reflexão e a preencher seu inventário existencial, que consta no Anexo II. Ele vai ser seu espelho!

Valores:

Conjunto de padrões existentes em cada indivíduo que determina o grau de importância relativa entre: coisas do ambiente, comportamentos e capacidades. O que é mais importante. Os valores modelam crenças, capacidades e comportamentos. Impulsionam a ação. Para o autoconhecimento, o relevante é que eles dão origem à motivação.

Qual a origem dos nossos valores?

De acordo com Kuczmarski & Kuczmarski (1999: 40), são: "Família, experiências de infância, amigos, professores, afiliações religiosas e conflitos que evocam a autodescoberta, mudança de vida radical e aprendizado experimental, relacionamentos pessoais com indivíduos 'importantes'. Os valores surgem do autoaprendizado e da autodescoberta."

Os valores pessoais permeiam nossas vidas. A todo instante, a cada posicionamento, cada decisão e escolhas que fazemos, nossos valores direcionam nossa vida, conscientemente ou não.

Os valores são estudados por um ramo da filosofia chamado de axiologia, que tem origem na palavra grega *axios*, que significa, aquilo que é valioso, estimável e digno de honra. Também significa eixo, o ponto ao redor do qual giram os elementos essenciais. (Dolan; Garcia, 2006)

Ter consciência de nossos valores é fundamental na escolha da empresa em que vamos trabalhar ou atividade que vamos realizar, pois os valores das empresas influenciam seus modelos de gestão que refletem na comunicação, delegação, estilo de liderança, inovação e criatividade, nível de autonomia e liberdade concedida aos colaboradores, processo decisório, reconhecimento e recompensa de seus colaboradores e relacionamento interpessoal. Estas são dimensões que afetam o nosso dia a dia na empresa.

As organizações, independente de terem algo escrito (valores desposados), dispõem de um conjunto de valores que somados a crenças, histórias, mitos, normas, heróis, ritos etc., formam a cultura organizacional.

É importante deixar bem claro a distinção entre valores vivenciados e valores desposados. Os primeiros são demonstrados pelo comportamento, e os segundos são expressados verbalmente ou por escrito, mas que nem sempre são seguidos de maneira constante.

Conhecemos empresas que têm práticas de gestão bem desumanas, mas divulgam e publicam como um dos seus valores: "respeito e valorização do ser humano". Esse descompasso entre o falar e o agir sinaliza a necessidade de uma análise acentuada da empresa onde depositaremos nossos esforços, uma carreira e, acima de tudo, uma parte significativa de nossa vida.

Algumas empresas, por terem clareza do impacto desta interação, logo na fase inicial da relação (empresa e empregados), nos processos de recrutamento e seleção, investigam e analisam cuidadosamente os valores de seus candidatos, pois têm consciência de que a compatibilidade entre os valores da empresa e os valores individuais são essenciais na construção da relação entre ambos.

Não é necessário que empresas e empregados tenham os mesmos valores, entretanto, é fundamental avaliar o quanto eles, em todo ou em parte, conflitam ou são antagônicos com os valores individuais.

Exemplificando: A empresa Y tem como prática cotidiana exigir que seus empregados fiquem à sua disposição até altas horas da noite, praticamente o ano inteiro, e que trabalhem com frequência nos finais de semana.

Ela paga muito bem e concede elevados prêmios por produtividade. Um indivíduo Z, que tem como um valor principal "família ou equilíbrio entre trabalho e lazer", pode não se identificar com esta organização, mesmo conhecendo o retorno financeiro que esta proposta pode trazer. Se "riqueza material e *status*" são valores principais para um indivíduo, esta mesma empresa pode auxiliar muito no alcance de seus objetivos. Portanto, o sucesso de uma relação está em compactuar e negociar expectativas. As pessoas trabalham por razões diferentes, assim como as organizações.

Hoje, vivemos em uma sociedade na qual imperam o consumismo, o individualismo e o imediatismo, isto pode refletir nas escolhas que fazemos para nossas vidas.

Uma reflexão criteriosa é necessária para identificar o que é nosso e o que é apregoado, reverenciado ou mesmo solicitado pela sociedade. Portanto, a análise dos valores é algo permanente na gestão de carreira de um profissional e não somente quando ele entra na empresa.

Como identificar seus valores?

No Anexo III, você encontra um exercício prático para auxiliá-lo nesta identificação.

Poeticamente falando, nossos valores são nossas paixões. Procuramos nas coisas, nos lugares e nas experiências, uma forma de eles (valores) estarem presentes. Quando assim não o fazemos, temos a sensação de que está faltando algo.

Usando o **ELO** da gestão de carreira, pense:

E - O que tenho feito para vivenciar estes valores no meu dia a dia?

L - As lideranças dão espaço para expansão dos meus valores?

O - A empresa em que trabalho permite ou dá condições para eu vivenciar meus valores no dia a dia?

Se por um lado, quando encontramos uma atividade ou emprego onde podemos vivenciar nossos valores no dia a dia, temos mais chances de sermos felizes, por outro lado, quando trabalhamos em um lugar onde isto não é possível, geralmente nos sentimos infelizes e com o tempo adoecemos.

A pergunta que devemos fazer é: Vale a pena?

Crenças:

Da mesma forma que os valores influenciam as nossas ações, as crenças têm um papel preponderante em nosso comportamento e também modelam nossas ações no dia a dia, na vida particular e no ambiente corporativo.

Crenças são "generalizações que fazemos a nosso respeito, acerca de outras pessoas e do mundo ao nosso redor. Elas são os princípios que orientam nossas ações. Geralmente, pensamos nas crenças como 'tudo ou nada' e achamos que as coisas nas quais acreditamos são sempre verdadeiras", como explicam O'Connor e Seymour (1996: 105).

As crenças são, em grande medida, processos inconscientes e geralmente difíceis de identificar; modelam nosso olhar para a realidade, permitindo ou impedindo que nossas capacidades sejam desenvolvidas, ou seja, determinam nossas potencialidades ou limitações. São lentes que afetam nossa visão para a realidade. Elas definem as verdades como absolutas, não possibilitando seu questionamento. Crença é a verdade para alguém que acredita nisto ou naquilo.

As crenças se dividem em: limitantes ou negativas (que restringem, afastam e aprisionam) e positivas (que estimulam ou potencializam). Apesar dos benefícios da crença positiva, ela é uma generalização e também pode ser questionada.

O'Connor e Seymour também afirmam que é simples verificar crenças em conversas do cotidiano. Geralmente são expressas verbalmente nas seguintes frases: "Se eu fizer isso... aquilo vai acontecer", "Eu posso..." ou "Eu não posso...", "Eu devo..." ou "Eu não devo...", "Eu tenho que..." ou "Eu não tenho que...".

Quando acreditamos em algo, nos comportamos de forma congruente com esta crença e, portanto, ela acaba por influenciar as escolhas existenciais, ou seja: Com quais pessoas se relacionar? Como criar os filhos? Como se relacionar com o dinheiro? Onde morar? Equilíbrio emocional/mental? Como se comportar no trabalho? As crenças, portanto, afetam nossa vida.

Uma pessoa que acredita que "quem nasce pobre, morre pobre", pode ter dificuldade em enxergar com clareza diversas situações na vida, que poderiam fazê-la progredir em sua existência, tornando real para si a "profecia autorrealizável".

Elas são formadas a partir de uma ou mais experiências que o indivíduo vivencia/aprende, ou da aceitação das crenças de pessoas ou instituições com as quais estabeleceu relações em sua vida: família, professores, colegas, grupo religioso, empresa, sociedade, mídia etc.

Conforme citado, nossas crenças influenciam nossa vida em todas as dimensões, inclusive na gestão de carreira.

Os ditados populares são exemplos de crenças que de uma forma muito simples demonstram nosso olhar sobre a realidade.

Alguns ditados falam muito de nosso comportamento no mundo organizacional, gerando impactos na gestão da carreira, exemplos: "gato escaldado tem medo de água fria" (comodismo); "mais vale um pássaro na mão que dois voando" / "quem vai ao vento perde o assento" / "catitu fora da manada é papa de onça" (conservadorismo); "pau que nasce torto morre torto" / "papagaio velho não aprende a falar" (descrença na mudança); "cada macaco no seu galho" (ausência de visão sistêmica).

Quais são suas crenças positivas? Mantenha-as!
E as suas crenças limitantes? Questione-se!

Usando o **ELO** da gestão de carreira, reflita:

E - Quais as crenças limitantes podem ser descartadas?

L - Quantas crenças limitantes tem o seu gestor?

O - Quantas crenças limitantes influenciam as decisões na empresa?

Avalie o impacto de suas crenças no êxito de seus objetivos, mas também fique atento às crenças dos gestores e da organização.

Existem as crenças pessoais e as crenças organizacionais, presentes na cultura organizacional. Saber identificá-las e o quanto isto impacta na carreira é fundamental e relevante para o profissional de sucesso.

No Anexo IV, você encontra uma atividade para identificar suas crenças.

Perfis comportamentais:

Os estudos de traços de personalidade remontam a Grécia antiga. De lá para cá, vários estudos foram realizados e instrumentos desenvolvidos com o intuito de auxiliar o indivíduo a identificar seu estilo predominante.

Dentre eles, destacamos Carl Jung, que dividiu as pessoas em dois tipos gerais: os introvertidos e os extrovertidos. Posteriormente, as dividiu em racionais, que guiam suas ações por meio de pensamentos e sentimentos; e irracionais, que baseiam suas ações em percepções, tanto por meio dos sentidos (percepção), como de processos inconscientes (intuição).

Existem diferentes testes que auxiliam o indivíduo na identificação de seu perfil predominante e do percentual nos demais. É importante registrar que o comportamento não é influenciado somente por "um estilo", mas em grande parte o estilo predominante influencia nosso agir no mundo.

Gustavo e Magdalena Boog, em seu livro *Con-viver em Equipe* (2008), descrevem os quatro perfis, disponibilizando, inclusive, um teste para identificação do percentual em cada um deles. Segundo estes autores, as pessoas têm os seguintes perfis:

- Guerreiro: prático, rápido, direto, toma iniciativa, objetivo, focado, assume riscos etc.
- Mago: perfeccionista, autocrítico, organizado, cuidadoso, crítico, detalhista etc.
- Amante: cordial, bom ouvinte, agradável, calmo, amável, compreensivo, harmonizador, enfatiza relacionamentos, evita conflitos etc.
- Rei: criativo, improvisador, entusiástico, estimulador, visionário, persuasivo etc.

Como os desafios de um profissional exigem a manifestação de todos os perfis em diferentes momentos e graus, o autoconhecimento, a flexibilidade, a parceria entre pessoas com estilos diferentes e a atenção ao seu perfil predominante são itens fundamentais para o relacionamento interpessoal e alcance de seus objetivos.

Por exemplo, uma psicóloga precisa ser "amante" quanto a ouvir o cliente, "maga" na identificação do problema, "guerreira" na identificação de um caminho de ação com o paciente, e "rei" para encontrar alternativas diferentes para cada situação.

Ainda que tenhamos um perfil predominante, é interessante também identificar qual o perfil que a empresa e o cargo exigem do profissional.

É importante mencionar que nos momentos de pressão há uma tendência maior de manifestação do nosso estilo predominante num grau mais elevado, o que pode gerar os seguintes comportamentos:

- Guerreiro: torna-se controlador e autoritário.
- Mago: assume posturas rígidas e tem dificuldade em concluir atividades em prazos menores.
- Amante: tem dificuldade em dar limites aos outros e gerenciar conflitos.
- Rei: fica no campo das ideias e tem dificuldade em concluir suas atividades.

Nesses momentos, podemos colocar em risco nossa carreira e imagem como profissional se não tivermos a maestria do autodomínio, apontada por Daniel Goleman em seu livro *Inteligência Emocional* (1995).

Dentre as vantagens da identificação de seu estilo predominante na gestão de sua carreira, ressaltamos a aceitação da diversidade e, consequentemente, um relacionamento interpessoal e uma atuação mais efetiva e adequada em relação às expectativas dos gestores imediatos, bem como a identificação da melhor atuação exigida pelo cargo que ocupa ou que pretende ocupar.

A identificação do perfil predominante minimiza, em muito, os grandes problemas de adequação do indivíduo com o cargo ocupado e o ambiente escolhido para trabalhar, pois quanto mais utilizado seu estilo predominante, maior será a probabilidade de sucesso.

No Anexo V, você encontra a relação de algumas empresas que oferecem testes de identificação de perfil.

Talentos:

Talento é o seu diferencial. É aquilo que você faz sem esforço. Quando usa, tem uma dose elevada de prazer, alegria e satisfação. Além disso, impacta na qualidade e na velocidade do que está fazendo. O talento se manifesta em todas as dimensões de sua vida. Se você é uma pessoa disciplinada, manifesta-se no trabalho, em casa e no lazer. Faz parte. É algo natural, espontâneo, flui sem dificuldade.

Todos nós temos talentos!

"O maior potencial de crescimento de cada pessoa está nas áreas onde ela tem seu ponto mais forte". (Buckingham; Clifton, 2008: 16)

Todavia, nossa cultura reforça em grau elevado o conceito de "pontos fracos". Acredita-se que somente algumas pessoas, como atores, jogadores, modelos e celebridades, que têm associação com fama, *status* e glória, são talentosas.

Além disso, é raro darmos *feedback* positivo quando vemos os outros realizarem atividades dentro do esperado. Mas não perdemos a oportunidade de dar *feedback* quando algo não está adequado.

Vejamos alguns exemplos:

- Uma mãe vai à escola e recebe o seguinte *feedback* da professora: Seu filho está mal em matemática. O que a mãe faz? Coloca o aluno em aulas de reforço e isto vira sua maior preocupação. Mas a professora esqueceu-se de falar que este mesmo aluno é o melhor da sala em língua portuguesa. Certamente, era para contratar reforço em matemática, mas por que não fazer o mesmo em português, estimulando e motivando o filho a tornar-se um escritor, jornalista, professor de língua portuguesa, redator etc.?

➤ Um empregado participa da reunião semestral de *feedback* na empresa. O que faz o gestor? Foca sua atenção somente nos pontos negativos e esquece-se de reforçar o talento!

O problema consiste em termos um olhar no "negativo". Estas experiências que vêm de casa são reforçadas na escola e aperfeiçoadas no mundo organizacional. Não é à toa que um grande número de pessoas tem dificuldade em responder às perguntas: Qual o seu talento? Qual seu diferencial?

Caminhamos uma vida inteira procurando transformar nossos pontos fracos em talentos.

Não estamos afirmando que não devemos desenvolver os pontos fracos, pois isto implicaria deixá-los atrapalhar ou interferir no desempenho dos nossos talentos.

Usando o modelo escolar, seus talentos se manifestam na facilidade em desenvolver ou estudar determinados assuntos e os pontos fracos naqueles que historicamente você teve mais dificuldade.

O que fazem os melhores alunos? Destacam-se nas matérias que têm mais facilidade e se esforçam para alcançar a média nas demais matérias.

Se os empregados, líderes e organizações fizessem a mesma coisa, identificaríamos os talentos de cada um e buscaríamos atividades, desafios e empregos que tivessem relação com eles.

Vale ressaltar que em todas as profissões existem atividades que não têm relação direta com nossos talentos, mas que fazem parte do escopo da profissão. Um professor que é talentoso e criativo nas suas aulas, por exemplo, pode não gostar de corrigir provas.

Lembre-se que mais importante do que identificar seus talentos é o uso que você faz deles no dia a dia.

Como esta questão pode impactar na gestão da carreira?

Na medida em que usamos os talentos em nossa vida, começamos a ter mais prazer no trabalho e alcançamos melhores *performances*. Pelo contrário, ao insistirmos em não utilizá-los, transformamos nossa existência num fardo, gastamos muita energia, e isto acaba nos distanciando do prazer e de resultados extraordinários.

Uma pergunta muito frequente é: Eu consigo resultados extraordinários não usando meus talentos? Sim, entretanto, há outras questões: A que custo? E por quanto tempo você vai suportar este esforço? Que preço você vai pagar por este esforço?

Ninguém tem só um talento. Descubra uma atividade e/ou profissão que mobilize todos os dias seus talentos.

No Anexo VI, você encontra uma atividade para auxiliar na descoberta de seus talentos.

Medos:

Medo é um instinto de sobrevivência que nos auxilia na preservação de nossa vida e nos protege dos perigos. De uma forma geral, todos nós temos medos. Alguns deles não têm relação nenhuma com a gestão de carreira da pessoa, enquanto há outros que influenciam nossa atuação no dia a dia, como: medo de falar em público, enfrentar o poder, ser rejeitado ou mesmo de ser desqualificado.

Considerando que isto afeta e influencia a carreira, o mais adequado é procurar ajuda especializada, que possa auxiliar no enfrentamento desta questão.

Alguns profissionais, por conta de seus medos, se distanciam de seus sonhos, exemplo: eu desejo ser gerente, mas tenho medo de conduzir uma reunião com todos os meus empregados. Portanto, é interessante refletir: Que medos me afastam dos meus objetivos ou minimizam minha atuação no dia a dia?

No Anexo VII, você encontra uma atividade que o ajudará a identificar seus prováveis medos. Busque uma ajuda profissional nesta questão, pois enfrentá-los pode acelerar o alcance de seus objetivos.

Âncoras de carreira:

Edgar H. Schein (1996), em um extenso estudo sobre "inclinação profissional", com ex-alunos do mestrado da Faculdade de Administração Sloan, do Instituto de Tecnologia de Massachusetts (MIT), desenvolveu duas ferramentas para auxiliar na identificação da âncora de carreira.

Schein define âncora de carreira como uma combinação de áreas de competências, valores e motivação que leva a pessoa a fazer escolhas conscientemente, ou não, que impactam na sua carreira. No seu estudo, foi observado que nos momentos em que a pessoa fez escolhas sem considerar sua âncora, houve um impacto no seu grau de realização e satisfação. Ou seja, descobrir a sua âncora auxiliará na identificação de carreiras e atividades que têm mais significado para você. O autor identificou oito âncoras de carreira:

1) **Autonomia e independência**: Quem tem esta âncora busca papéis e posições em que possa ter autonomia e independência na tomada de decisão. Estas pessoas esperam que seus gestores digam o que fazer, mas jamais como fazer.

2) **Técnico funcional**: As pessoas que têm esta âncora se realizam em atividades que lhes permitam exercer sua maestria técnica. Por isso, quando optam por exercer cargos de gestão, geralmente buscam posições de gerência técnica ou operacional, em que podem utilizar o conhecimento técnico adquirido. Estas pessoas buscam o aperfeiçoamento constante, fazem questão de se manterem atualizadas e especialistas na sua área de atuação. O reconhecimento pelos pares legitima a sua competência técnica e, por isso, muitas vezes pode ser mais importante que a opinião do próprio gestor.

3) **Desafio puro**: Esta âncora se caracteriza pela necessidade de exercer atividades desafiadoras e com menor grau possível de estabilidade e previsibilidade. As pessoas se sentem motivadas em aceitar responsabilidades percebidas pelos demais como de difícil alcance e/ou resolução.

4) **Criatividade empreendedora**: Gerar dinheiro é a medida de sucesso para quem tem esta âncora. Ela se manifesta muito cedo na vida das pessoas. A vontade de ter um negócio próprio e de identificar oportunidades não vislumbradas por outras pessoas são características fortes desta âncora.

5) **Administração geral**: A busca por posições estratégicas nas organizações é o norte desta âncora. As pessoas aspiram exercer papéis que lhes permitam tomar decisões grandes e impactantes para a organização.

6) **Segurança e estabilidade**: As pessoas com esta âncora buscam posições e cargos que lhes permitam vivenciar situações mais estáveis e previsíveis, mesmo em níveis hierárquicos mais altos. O contexto do trabalho é mais importante do que a natureza dele em si.

7) **Estilo de vida**: Mais do que conciliar a vida profissional e pessoal (individual e familiar), esta âncora exige integração, realização, sucesso e felicidade das diferentes dimensões da existência.

8) **Dedicação a uma causa**: As decisões profissionais das pessoas que têm esta âncora baseiam-se no desejo de melhorar o mundo, de alguma forma. Buscam trabalhar em organizações que lhes permitam exercer atividades em que possam perceber sua contribuição para um mundo melhor.

Leia atentamente a descrição de cada âncora e identifique aquela que mais tenha relação com você. Caso queira fazer um teste para identificar a âncora, sugerimos o livro *Identidade Profissional*, de Edgar H. Schein.

Competências:

Talvez estejamos vivendo um momento em que as empresas estão procurando arduamente por pessoas competentes. Por que isto é tão desafiador para as organizações? Muitos são os fatores, dentre eles, o padrão estabelecido para um empregado ser aclamado ou percebido como competente, indo além do esperado de tempos atrás. Ou seja, hoje ele deve fazer mais, em menos tempo e com melhor qualidade. Não é à toa que vemos em revistas, jornais e televisão reportagens sobre "o apagão de talentos".

A sequência lógica é: Uma empresa define seus objetivos estratégicos, missão, visão e valores e então são identificadas as "Competências Corporativas". Nesta direção, são definidas as "Competências das Pessoas" que possibilitam ou potencializam a existência na empresa das competências corporativas.

Portanto, dependendo da empresa e dos cargos a serem ocupados, são necessários níveis e competências diferentes das pessoas.

Cabe, então, ao empregado identificar que competências ele tem em nível mais elevado e buscar posições/papéis e organizações onde ele possa usar estas competências e, assim, ter uma possibilidade maior de êxito em seu projeto de carreira.

Competência é o conjunto de conhecimentos, habilidades e atitudes correlacionadas, que em ação agregam valor ao indivíduo e à organização, ao que denominamos de Entrega.

Conhecimento é saber, habilidade é saber fazer e atitude é querer fazer. "Comportamento de entrega" é a ação do indivíduo, que pode ser observado a "olho nu", a uma certa distância.

É interessante para a empresa, lideranças e empregados a identificação dos comportamentos de entrega de cada competência. Isto deixa mais tangível e profissional a expectativa da atuação do empregado.

Além das entregas, existe outro item: o resultado. Portanto, devemos ter conhecimentos, habilidades e atitudes para que possamos efetuar os **comportamentos de entrega** e **gerar resultados**.

Visitar um cliente, identificar suas necessidades, apresentar produtos que venham ao encontro de suas necessidades etc., são **comportamentos de entrega**. Fechar a venda é **resultado**.

Portanto, nem sempre, os comportamentos de entrega garantem os resultados. Neste caso, é interessante identificar que fatores – conhecimentos, habilidades ou atitudes – podem ser potencializados, para garanti-los.

Esta análise pode gerar insumos para o Plano de Desenvolvimento Individual. Ou seja, um plano para melhorar os conhecimentos, as habilidades ou atitudes do empregado.

No livro *As Competências das Pessoas – Potencializando seus Talentos*, Cláudio Queiroz identifica 16 competências e apresenta os conhecimentos, habilidades, atitudes e comportamentos de entrega de cada uma. São elas:

- Comunicação escrita.
- Comunicação falada.
- Criatividade/Inovação.
- Empreendedorismo.
- Gestão da informação.
- Gestão da mudança.
- Liderança.
- Negociação.
- Orientação ao cliente.
- Orientação ao resultado.
- Relacionamento intrapessoal.
- Relacionamento interpessoal.
- Tomada de decisão.
- Trabalho em equipe.
- Visão estratégica.
- Visão sistêmica.

No Anexo VIII, você encontra o conceito de cada competência, bem como um exercício para avaliar o grau em que você se encontra em cada uma.

Ainda que tenhamos afirmado que cada cargo ou papel tem um conjunto de competências, algumas são recorrentes em todos os cargos, dentre elas: gestão da mudança, trabalho em equipe e orientação ao cliente.

Outra constatação é que geralmente somos contratados pelo nosso conjunto de conhecimentos, habilidades e atitudes, e somos demitidos pela falta de atitude. Isto porque temos observado indivíduos com elevado índice de conhecimentos e habilidades, mas com sofrível percentual de atitudes que façam diferença, o que torna a vida das empresas e líderes mais complicada e desafiadora. Em contrapartida, os empregados que conseguem ter os conhecimentos, habilidades e atitudes apresentam os comportamentos de entrega e atingem os resultados negociados. Mais do que reconhecidos e recompensados, são super disputados no mercado.

Uma dica prática: Negocie com seu chefe as "Entregas e Resultados" esperados. Isto é nivelar expectativas.

É importante identificar realmente que comportamentos de entrega são esperados. Fuja das frases: espero seu melhor; que brilhe o olho; que faça diferença; que faça acontecer. O nivelamento de expectativas é um dos segredos que definem um profissional de sucesso.

Saberes:

São os conhecimentos técnicos e as experiências adquiridas no decorrer da vida que contribuem no desempenho profissional. Podem ser percebidos como seus diferenciais. Exemplos: domínio de uma língua estrangeira, domínio de um *software* ou sistema, experiência internacional, prática de esportes que potencializam o desenvolvimento de habilidades e atitudes (xadrez – estratégia; jogos coletivos – trabalho em equipe e orientação ao resultado etc.); atividades voluntárias (filantrópicas e religiosas); e outros.

Estes saberes abrem portas e potencializam a expressão de seus talentos e competências.

Concluímos aqui a etapa do autoconhecimento. Ela é importante na medida em que nos auxilia a ver quem somos, ou seja, a nos descobrirmos para seguirmos rumo aos nossos sonhos.

Se você respondeu a todos os anexos até agora, poderá preencher o Anexo II – Inventário Existencial cuja proposta é ser seu espelho. Olhe para ele com admiração e curiosidade e a alegria de se descobrir.

Lembramos que o inventário, tal qual a existência humana, se transforma na proporção em que a pessoa evolui e expande seus horizontes. Cabe a você atualizá-lo sempre que perceber que o espelho já não retrata mais a grandeza em que você se permitiu estar.

ETAPA 2 – OPORTUNIDADES E AMEAÇAS

Na etapa anterior, discorremos sobre as forças e fraquezas da ferramenta SWOT. Neste bloco, discutiremos as oportunidades e ameaças que são situações, acontecimentos ou fatos, favoráveis ou não, ao alcance de um objetivo.

Enquanto os pontos fortes e fracos têm como foco um olhar para o indivíduo, as ameaças e oportunidades são situações que acontecem entorno, ou seja, envolvem um olhar para a empresa em que a pessoa trabalha ou deseja trabalhar, para o mercado de trabalho de uma forma geral, para os acontecimentos políticos, econômicos, sociais, tecnológicos, legal, local e mundial.

Um dos diferenciais de um profissional é a sua capacidade de observar e analisar os acontecimentos do mundo que podem influenciar seus objetivos.

Uma competência que auxilia esta análise é a visão sistêmica, citada no item Competência. Contudo, é comum encontrar indivíduos para os quais o mundo é a "sua mesa".

A consequência natural desse equívoco é a limitação da visão das oportunidades e ameaças da sua carreira, que se restringe ao olhar interno da empresa ou à situação vivenciada no seu dia a dia.

A competência visão sistêmica carece de várias habilidades, dentre elas, a capacidade de perceber o explícito e o implícito dos acontecimentos e fazer conexões e, assim, deduzir hipóteses.

A percepção é uma habilidade e pode ser desenvolvida. Para tanto, o empregado deve fazer valer, com frequência, alguns exercícios que potencializam seu desenvolvimento.

▶ Pesquisar carreiras e profissões. Estudar cada uma das possíveis escolhas.

▶ Visitar as universidades e conversar com o coordenador do curso que deseja fazer, como formação ou aperfeiçoamento.

- Frequentar feiras e eventos do segmento em que deseja trabalhar ou trabalha.
- Visitar feiras de negócio, de segmentos diferentes do seu.
- Sair com pessoas diferentes, que tenham opiniões, conceitos e realidades não comuns ao seu dia a dia. Por exemplo: algumas pessoas vão a uma mesma pizzaria e sentam-se à mesma mesa, com as mesmas pessoas, o ano inteiro. E quando tem algum evento da empresa, procuram sentar-se próximo do colega que trabalha a seu lado e almoça com ele todos os dias.
- Ler jornais e revistas que o auxiliem a saber o que o mercado exige ou espera de um profissional.
- Acessar *sites* de notícias e de recolocação profissional.
- Participar de redes sociais.
- Viajar para locais diferentes a fim de conhecer culturas e realidades que ampliem seus horizontes.
- Criar o hábito de conversar com pessoas que chegaram à posição que você deseja ocupar.
- Adquirir o hábito de ler livros que não sejam somente de sua área de preferência.
- Participar de cursos, palestras e eventos de atualização de sua área foco. Uma dica são as dezenas de palestras gratuitas que as faculdades ou empresas de treinamento ministram todos os meses.
- Reduzir seu tempo de exposição com programas de televisão, qualquer um que não auxilie seu desenvolvimento. Algumas pessoas chegam a ficar três horas por dia sintonizadas num mesmo programa que não agrega muito à capacidade intelectual e nem amplia sua capacidade de ver a realidade.
- Acessar o *Youtube* na Internet. Existem dezenas de filmes, palestras, apresentações que podem ampliar o conhecimento e visão sistêmica.

Acompanhar ameaças e oportunidades só faz sentido se você estiver disposto a aproveitar as oportunidades ou redirecionar trajetos para minimizar as ameaças. O maior desafio é o tempo de resposta. Oportunidades passam. Somente os primeiros a perceberem as oportunidades se beneficiarão com os ganhos maiores.

Os primeiros que estavam atentos aos acontecimentos aproveitaram a onda melhor e surfaram com maestria.

Alguns encontros, conversas, palestras, leitura de livros e artigos, experiências e atividades potencializam a expansão de nossas mentes e nos levam a descobrir horizontes e perspectivas jamais imaginados, fazendo-nos sentir melhores e maiores, auxiliando-nos a ver uma realidade com maior nitidez, inclusive a ter lampejos de imaginação, *insights*! O extraordinário é crescer e ver o mundo com outros olhos.

Uma dica prática: Marque um encontro com amigos, conselheiros, mentores; contrate um *coach*, que poderá auxiliá-lo a ver além. Esta etapa é fundamental na gestão de carreira, pois permite o aproveitamento da "melhor onda".

Que problemas o mundo organizacional ainda não resolveu e no qual eu posso atuar? Que dificuldade a empresa apresenta e é uma oportunidade para eu fazer a diferença?

As oportunidades são muitas. Escolha aquelas que são aderentes às informações obtidas na etapa do autoconhecimento.

No Anexo IX, você tem a oportunidade de identificar, de forma estruturada, as oportunidades e ameaças do seu plano de carreira.

ETAPA 3 – OBJETIVOS E METAS

Segundo Antony Robbins, "objetivos são sonhos com prazo definido". Esta etapa é percebida por muitos como a mais difícil. Saber o que não se quer parece ser o mais fácil.

A pergunta em questão é: O que realmente eu quero da minha vida?

A etapa do autoconhecimento, se bem construída, certamente auxiliará você na resolução deste dilema, a despeito da imensidão de opções do mundo atual.

As informações, como talentos e valores, vão auxiliar na identificação de atividades e áreas que darão prazer e realização a você.

O estudo detalhado das atribuições, responsabilidades, competências, complexidades, desafios e riscos da profissão ou atividade almejada vai subsidiar o entendimento e a clarificação necessária para esta escolha.

Três questões são fundamentais na definição de objetivos e metas: **foco, escolha** e **preço**.

Diante da imensidão de opções de carreiras e até mesmo de especializações dentro de uma mesma profissão, como por exemplo, na medicina, na qual existem mais de 50 especializações, é fundamental definir um **foco**. A ausência de foco interfere na preparação do indivíduo no nível de capacitação necessário para concorrer no mercado de trabalho. Quem tem cem objetivos com a letra "C", fica sem com a letra "S".

A vida é feita de **escolhas**. Não escolher, é também uma escolha. E o preço que se paga por isto é alto. Pois quando você não define o que deseja, geralmente alguém define em seu lugar. O problema é que ao não definir por si só, a empresa, o chefe ou alguém assume este papel de gestor de sua existência, e isto geralmente desencadeia descontentamento e frustração, a curto, médio ou longo prazo.

Fazer escolhas é conviver com renúncias, pois cada escolha traz em si algumas exclusões. Por isso, parar, pensar, analisar as informações de forma estruturada, considerando, principalmente, as suas características individuais identificadas na etapa do autoconhecimento, são ações que auxiliam a fazer escolhas mais conscientes.

Outra dica é: Faça as pazes com o passado. Algumas vezes ficamos presos a sentimentos de arrependimento e culpa por escolhas e decisões que fizemos, mas que hoje, se pudéssemos voltar ao passado, faríamos diferente. A energia gasta com estas memórias dificulta e até imobiliza para o presente. O passado faz parte do passado e no momento daquelas escolhas ou decisões, com a experiência, maturidade e fatores externos que te cercavam, elas foram as mais acertadas.

Outro aspecto fundamental é o **preço**. Qualquer que seja a escolha, o indivíduo vai pagar um preço. O preço que geralmente é pago para o alcance dos próprios objetivos envolve um percentual de tempo, disciplina, renúncia, persistência e paciência.

Às vezes, queremos alcançar os objetivos de carreira sem "pagar o preço". Isto se enquadra na categoria de pessoas que gostam de "milagre". Gostam de contos de fadas, em que tudo se resolve "por encanto". Isto é devaneio ou fantasia! A analogia é a mesma para as diferentes opções da vida. Quando desejamos um corpo esbelto e musculoso treinamos e nos alimentamos de forma adequada. Se desejamos um nível intelectual para conseguirmos alçar voos maiores dentro de uma carreira, temos, por exemplo, que fazer um curso de pós-graduação, e isto envolve aulas, trabalhos e provas. Esta linha de raciocínio serve para tudo.

Não existe "de repente". O sucesso é conseguido com muito trabalho, persistência e foco. Malcolm Gladwell (2008) fala de dez mil horas de treino. Dentre os exemplos citados por ele, estão Bill Gates e os Beatles. "Quando deixou Harvard, após o segundo ano, para criar sua própria empresa de *software*, ele tinha programado sem parar por sete anos consecutivos. Ele havia ultrapassado em muito as dez mil horas". E o mesmo aconteceu com os Beatles, com suas apresentações em Hamburgo, entre 1960 e 1962. Quando eles estouraram, já haviam se apresentado cerca de 1.200 vezes.

Ainda que tenhamos discutido sobre Gestão de Carreira, é importante deixar claro que a dimensão profissional é somente uma das dimensões da vida. Os objetivos profissionais têm uma relação direta com todas as demais áreas da vida: emocional, espiritual, financeira, intelectual, profissional, física, lazer, relacionamento familiar, íntimo e social. Por exemplo, ao fazer uma escolha – de não mudar de cidade para ficar próximo aos pais e parentes –, pode-se influenciar o número de oportunidades na dimensão profissional, inclusive impactando na ascensão e velocidade da carreira. Evidenciamos que esta escolha não poderá ser considerada errada ou inadequada quando feita de forma consciente, levando-se em conta os ganhos e perdas que ela traz e se é coerente com a sua essência.

É fundamental esclarecer que a gestão integrada das diferentes dimensões é que leva ao sucesso.

No Anexo X – Roda da Vida, você encontra uma atividade para auxiliar na reflexão sobre os seus objetivos para cada uma das dimensões da vida.

Definido o foco, é hora de transformá-lo em objetivo. Mas como identificar seu objetivo? Os primeiros passos são os listados nas etapas anteriores: (1) Autoconhecimento; e (2) Oportunidades e Ameaças. Sem eles, você provavelmente irá gastar mais tempo e energia para chegar num lugar em que provavelmente não trará realização.

Realizadas as etapas anteriores, siga o seguinte percurso:

Fase 1: Definir aonde você deseja estar na sua carreira daqui a cinco anos. Por que cinco anos? Dependendo do objetivo, menos que isto pode ser pouco para estruturar ações de longo prazo, e mais que cinco é um horizonte temporal muito grande, considerando-se as imprevisibilidades e alterações dos fatos que nos cercam.

Fase 2: Voltar para o presente mentalmente e fazer o seguinte questionamento: Dando continuidade às ações/comportamentos que tenho vivenciado hoje, chegarei aonde eu estabeleci na fase anterior?

Fase 3: Se a resposta for sim, continue a implementar suas ações já estruturadas. Se a resposta for não, talvez você tenha que fazer algumas alterações mais fortes, que chamamos de "ponto de ruptura ou de descontinuidade" – são ações ou decisões que precisam ocorrer para garantir o alcance dos objetivos. Às vezes, isto envolve mudar de cidade, concluir um curso de graduação ou pós-graduação, entre outros, ou mesmo aprender uma nova língua.

Se você avaliar que não está disposto a fazer esforços para implementar os pontos de ruptura, é melhor retornar à fase 1 e rever os objetivos.

Metodologia SMART

A metodologia SMART é uma ferramenta usada para definir objetivos. Ela minimiza a criação de objetivos vagos e que não auxiliam no desenvolvimento das ações, por exemplo: ser feliz, alcançar a plenitude do ser etc.
Um objetivo deve ser:

S – Específico

M – Mensurável

A – Alcançável

R – Relevante

T – Temporal

A metodologia SMART também é usada para estabelecer metas. Objetivos são desejos maiores a longo prazo, e metas são os desdobramentos dos objetivos a curto prazo.

É importante estar atento ao contexto (mercado de trabalho, organização) para atualizar e revisar o objetivo, dependendo das circunstâncias. Exemplo: O objetivo de um profissional era ser gerente numa filial estrangeira. A empresa fechou as unidades internacionais. Neste caso, o profissional deverá avaliar se o seu objetivo é trabalhar no exterior ou se há outras oportunidades internas. Dependendo de seu objetivo, ele poderá mudar de empresa, ou permanecer na mesma buscando um reposicionamento de carreira.

ETAPA 4 – FORMULAÇÃO DAS ESTRATÉGIAS

Na medida em que o indivíduo identifica um objetivo, é essencial saber como atingi-lo de maneira mais rápida e com o menor gasto de energia possível. A definição do "como" está na formulação das estratégias.

Algumas pessoas, por não formularem estratégias para o alcance dos objetivos, direcionam toda a energia para a execução, acabam perdendo tempo e tornando o caminho mais longo e cansativo. Descobrem depois de meses, ou até anos, que estão no mesmo lugar.

O mais comum, infelizmente, é encontrar muita gente esforçada, que trabalha até domingo e obtém resultados pequenos ou frustrantes. Não confunda ocupado com eficaz. Caminhar mil metros não faz diferença, se você caminha para o local errado.

Outra situação comum é identificar pessoas que investem um tempo extraordinário na elaboração de estratégias, mas não as põem em prática. São os eternos sonhadores. Ou seja:

Estratégia sem ação = Sonhador
Ação sem estratégia = Esforçado

Desenvolver estratégias é algo que requer tempo, disciplina, pesquisa, criatividade e muita humildade, fazendo com que nossos objetivos sejam alcançados com eficiência e eficácia.

É importante buscar o maior número de parceiros que possam auxiliar com suas experiências e maturidade. Amigos, mentores, *coaches*, psicólogos e conselheiros têm um papel especial.

A contribuição desses parceiros tem como objetivo ajudar o indivíduo a encontrar o seu caminho usando seus recursos internos: talentos, pontos fortes, competências, valores, crenças positivas e âncoras de carreira. Cada um deve consultar seu oráculo interno, e com as sugestões, informações, experiências, poder de seu inconsciente e *insights*, definir qual a melhor forma de fazer.

Algo que pode interferir nesse processo são seus medos, crenças limitantes, experiências negativas, sentimento de culpa ou mesmo processos de autossabotagem (exemplo: sentimento de desmerecimento, de não ser digno). Para isso, procure um dos parceiros anteriormente citados.

As estratégias criadas para alcançar objetivos podem ser alteradas na medida em que as dificuldades ou contexto sinalizem que este não é o melhor caminho. Portanto, as estratégias e também os objetivos não são definitivos e devem ser revistos periodicamente.

Por exemplo, a estratégia usada para conversar com seu gestor não está dando resultado. Partindo do pressuposto que é sua responsabilidade alcançar o seu objetivo, questione e mude a estratégia.

Enfim, traçar estratégias é construir estradas mentais antes que se tenha dado os primeiros passos.

Uma das estratégias apontadas com frequência em artigos e livros é a necessidade de cada um fazer seu ***networking***.

Networking é valorizar os relacionamentos acreditando que estes podem auxiliar na gestão da carreira.

De que forma eles ajudam? Fornecendo informações, indicando parceiros, apresentando novas oportunidades, abrindo portas, passando experiência e dicas que ajudam a encurtar distâncias e reduzir esforços. *Networking* é uma via de mão dupla. Fazer *networking* é receber e dar, dar e receber.

É hora de agir!

ETAPA 5 – IMPLEMENTAÇÃO DAS AÇÕES

> *"Tem uma hora que você tem que tirar do papel e executar." (Amir Klink)*

Esta é a etapa que distingue os vitoriosos dos demais. Mais do que fazer planos, é necessário ser reconhecido como alguém que faz diferença. O mercado de trabalho é competitivo e exige do profissional um desenvolvimento permanente. E que faça acontecer.

A quinta etapa tem uma relação direta com a primeira, do autoconhecimento, na identificação do prazer e do sentido do trabalho na vida. É preciso que você goste do que faz ou que você veja uma razão para realizar a atual atividade, para conseguir produzir com qualidade, criatividade, gerando prazer e realização interna.

Todos os equívocos conscientes, ou não, por parte dos empregados nas etapas anteriores, se apresentam ou se manifestam aqui. O desconhecimento de si, assim como as análises equivocadas e, por fim, as escolhas erradas, geram desempenhos sofríveis e indivíduos infelizes.

Implementação é a realização das atividades do dia a dia, metas, objetivos pessoais de desenvolvimento, superação de obstáculos definidos, enfim, a concretização das ações e estratégias definidas nas etapas 3 (Objetivos e Metas) e 4 (Formulação de Estratégias).

Está relacionado com o fazer acontecer, considerando todas as adversidades que cercam o dia a dia.

Não é à toa que as atitudes, dentre elas: resiliência, persistência e paciência, são fundamentais para o sucesso da implementação das estratégias.

Alguns fatores podem dificultar ou até mesmo impedir a implementação das estratégias, por exemplo:

- Falta de conhecimento, habilidade e/ou experiência para realizar as atividades ou implementar as ações.
- Objetivo mal definido.
- Ações e estratégias mal formuladas.
- Ausência de visão sistêmica.
- Local e ambiente não propícios à implementação.
- Falta de estratégias e ações alternativas para minimizar as ausências de apoio da liderança e da organização.

Mesmo existindo várias etapas no processo de gestão de carreira, a materialização se dá na fase da implementação, e esta conta com a colaboração da liderança e da organização. No entanto, vale reforçar que, como senhor da sua existência, recai sobre você a responsabilidade de encontrar alternativas, dentro ou fora da empresa, para superar eventuais dificuldades.

Um dos cuidados especiais é gerenciar a comunicação sobre as implementações. Provavelmente você conheça uma pessoa que fez acontecer, mas por não divulgar e não se manifestar em reuniões, encontros etc., não foi (e não é) percebida como tal. Por isso, o marketing pessoal faz parte da gestão da carreira.

ETAPA 6 – CONTROLE

Tudo que não se mede não se gerencia.

Esta sexta etapa envolve o acompanhamento das próprias metas e objetivos, possibilitando os ajustes necessários em função de alterações no cenário das oportunidades e ameaças.

O interessante é se disciplinar para fazer isto de forma sistemática. O acompanhamento frequente permite-nos antever os problemas com os próprios objetivos e metas e que se tenha tempo hábil para rever estratégias.

Uma dica importante desta etapa é comemorar. É impressionante como as pessoas dedicam pouco tempo para esta atividade secular e importante.

Os índios, quando voltavam de suas caçadas, faziam uma festa. No estádio, o momento de glória é quando todos vibram por um GOLLLLLLLLLL.

Mas, e os nossos gols? Às vezes, nem chegamos a sentir o prazer da conquista. Partimos imediatamente para a próxima etapa. Esquecemo-nos de lembrar que é preciso contemplar a vista quando escalamos um grande penhasco. A mesma regra serve quando – merecidamente – conseguimos chegar lá, aonde queríamos, em nossas carreiras.

Concluindo, é fundamental deixar registrado que a todo momento podemos e devemos avaliar todas as etapas, e assim seremos de fato gestores atuantes e frequentes de nossas carreiras, e mais ainda, de nossas vidas.

"Optar por si é o maior desafio do ser humano, ele opta pela família, empresa, amor etc." (Andresa Lustosa)

OPTE POR VOCÊ!

Capítulo 3
O Líder e a Gestão de Carreira

Para você me educar, precisa me conhecer. Precisa saber da minha vida, meu modo de viver e sobreviver. Conhecer a fundo as coisas nas quais eu creio e às quais me agarro nos momentos de solidão, desespero e sofrimento. Precisa saber e entender as verdades, pessoas e fatos aos quais atribuo forças superiores às minhas e aos quais me entrego quando preciso ir além de mim mesmo. Para você me educar, precisa me encontrar lá onde eu existo.

(Autor desconhecido)

Tendo como premissa que o gestor contribui e é um dos responsáveis pelo sucesso na gestão de carreira de sua equipe, apresentamos aqui algumas ações de responsabilidade do líder que auxiliam o empregado a potencializar seus resultados e desenvolvimento.

Este capítulo discorre sobre a atuação do líder com relação à gestão de carreira de sua equipe. Sendo o líder responsável também pela gestão de sua própria carreira, o capítulo anterior igualmente diz respeito a ele.

Considerando o modelo Proteano, o empregado passou a ser apontado como ator principal na gestão de sua carreira e o líder ocupa um papel relevante de facilitador ou parceiro.

Selecionamos a seguir as ações que os líderes podem fazer, sugerir ou até influenciar na gestão de carreira da sua equipe.

1) **Conhecer sua equipe: identificação de âncoras, talentos, competências, crenças, perfil e valores**

Talvez este possa ser apontado não somente como o primeiro, mas também como um dos mais importantes papéis do líder de pessoas: identificar os talentos e o conjunto de características que definem a atuação de cada um. A crença que norteia esta afirmativa é a de que ter o empregado certo no local certo é um fator importantíssimo na capacidade laborativa do mesmo, bem como na possibilidade de despertar sua motivação e criatividade para o trabalho.

Na medida em que o autoconhecimento auxilia a gestão da sua própria carreira, o líder deve estimular que seus empregados façam o mesmo caminho.

Algumas empresas disponibilizam testes e ferramentas de autoconhecimento aos empregados, entretanto estes, por desconhecimento ou falta de prática na análise, não conseguem tangibilizar o respectivo resultado com o dia a dia do trabalho e muito menos com o alcance dos seus objetivos pessoais e de carreira.

Cabe então ao gestor conversar com seus empregados sobre o resultado desses testes, auxiliando-os no entendimento e na construção de ações práticas que potencializem suas ações.

É interessante, todavia, que cada gestor tenha um inventário de seus empregados com as informações: talentos, níveis de competências, âncora, valores, perfil, crenças (potencializadoras ou limitantes).

O inventário é mais um instrumento de suporte na identificação da melhor atividade/local de trabalho ou projeto de atuação para seus empregados.

Outro aspecto relevante é a identificação e a compreensão das características que norteiam as diferentes gerações no mundo organizacional: *Baby Boomers*, Geração X, Geração Y e Geração Z, descritas no capítulo 4.

2) Definir em parceria com o empregado as atividades, as tarefas e os cargos que potencializem a utilização dos seus talentos

É sabido que o empregado que utiliza seus talentos tem chances de apresentar em grau mais elevado de motivação: comprometimento, produtividade, engajamento, nível de criatividade/inovação e prazer pelo que faz.

Fazendo uma analogia com o tabuleiro de xadrez, onde cuidadosamente identificamos o melhor movimento e a posição de cada jogada, a definição em conjunto com o empregado sobre o local e a atividade que vai realizar é muito importante.

É obvio que nem sempre e de forma imediata a empresa tem lugares e atividades que "casam" com seus colaboradores. É salutar montar um plano de trabalho a curto, médio e longo prazo que contemple a utilização, mesmo que parcial, do talento do empregado e, se for o caso, a definição de sua transferência para uma área da empresa onde seja possível colocá-lo na posição ideal.

Para conduzir esta ação de forma adequada, cabe ao líder:

- Construir, em parceria com a unidade de Recursos Humanos da empresa, a descrição de cargos da organização, na qual deverão constar as tarefas inerentes aos cargos, os requisitos para ocupá-los e o nível de complexidade para seu exercício.

- Selecionar pessoas que tenham uma aproximação maior possível com os requisitos que o cargo requer e que apresentem elevado interesse em exercer tal atividade.

- Utilizar o inventário do empregado para escolher a melhor posição para o mesmo.

- Delegar tarefas compatíveis com o nível de competência e desenvolvimento de cada empregado.

Uma metáfora que exemplifica esta questão é: Cabe ao líder encontrar o paletó que se encaixe na pessoa. Menor, vai deixá-la presa nos seus talentos, e maior, lhe faltarão competências e talentos para o mínimo requerido. O ideal é encontrar alguém que se encaixe perfeitamente no paletó.

3) Fornecer *feedback* aos seus empregados sobre sua *performance*

Em que pese a quantidade de vezes que os gestores leem e fazem cursos sobre esta ferramenta de acompanhamento e desenvolvimento de equipes, é frequente escutar e ler sobre a sua dificuldade em utilizá-la de forma assertiva.

O *feedback* é super importante na gestão de carreira do empregado, pois ele proporciona subsídios para o reconhecimento, recompensa e montagem de um plano de desenvolvimento de cada um da sua equipe. Sua condução adequada potencializa a motivação e a velocidade com que o empregado pode alcançar os seus objetivos individuais e organizacionais.

Um dos graves problemas que envolvem a utilização desta ferramenta com os empregados é o próprio histórico. Um número considerável de pessoas percebe este momento como um "ferraback".

É papel do gestor, então:

- Estudar técnicas e conceitos que o levem a utilizar esta ferramenta com a maestria necessária.
- Definir claramente com os empregados os comportamentos de entrega e resultados esperados de cada um.
- Acompanhar diuturnamente as entregas e os resultados apresentados.
- Dar *feedbacks* pontuais e oficiais nos tempos acordados com os empregados.
- Apresentar os benefícios da ferramenta para os empregados, para que estes a percebam como um presente e como um instrumento muito útil no acompanhamento de sua *performance* e, consequentemente, na gestão de sua carreira.
- Auxiliar o empregado, após o *feedback*, na montagem do plano de desenvolvimento, considerando os possíveis *gaps* apontados ou as ações que potencializem o seu desempenho.

Vale destacar que a ausência de *feedback* – seja para enfatizar *performance* positiva ou não – é uma forma de tortura e que isto impacta diretamente no grau na motivação e na carreira dos empregados.

4) Indicar e incentivar atividades de treinamento e desenvolvimento

Mais que qualificar e criar condições para a capacitação técnica requerida para o exercício do cargo, é papel do gestor atuar no desenvolvimento dos colaboradores, auxiliando na expansão dos potenciais de cada um.

O espectro de ações aqui vai muito além dos tradicionais cursos técnicos (presenciais ou a distância) oferecidos aos empregados. Envolve conversas pontuais e sistemáticas com os empregados, auxiliando na identificação dos talentos e na troca de experiências e vivências que elevem a visão sistêmica e a visão estratégica, contribuindo com a expansão e revisão dos modelos mentais dos empregados.

Ações desta natureza ainda são raras no contexto organizacional, entretanto, é o desenvolvimento que efetivamente auxilia e permite ao indivíduo "sair do seu quadrado" ou mesmo questionar práticas antigas e cristalizadas do dia a dia.

Exemplos de ações de desenvolvimento que podem ser conduzidas ou estimuladas pelas lideranças: *coaching*, mentoria, tutoria, participação em reuniões com a cúpula da empresa, participação em grupos de trabalho, viagens para outras unidades da organização, intercâmbio internacional, participação em feiras e congressos, fóruns de discussão, atividades artísticas, voluntariado e treinamentos de natureza comportamental. Além do rodízio de atividades, designação para cargos comissionados e estímulo ao acesso e uso dos recursos existentes na empresa, como: filmes, livros, estudos de casos etc.

Todas as ações acima podem ser estrategicamente articuladas em um plano individual, de forma que o empregado possa ter vários estímulos ao seu desenvolvimento pessoal.

5) Possibilitar o rodízio para os empregados, de acordo com seus projetos de carreira

O sábio prepara o discípulo para os desafios que ele certamente enfrentará.

Esta é a dimensão estratégica do rodízio de empregados em uma unidade. A pergunta então é: Que lugar "X" deve ocupar, mesmo que por pouco tempo, para capacitá-lo e criar nele condições de crescer e alcançar êxito no plano de carreira por ele construído?

Um exemplo cinematográfico desta ação é o filme *Karate Kid I* – Daniel Sam teve que pintar e lixar para desenvolver movimentos que permitiriam a ele lutar caratê com maestria.

O rodízio, além do novo aprendizado e do lado desafiador da nova posição, contribui para um espírito de colaboração e o desenvolvimento da visão sistêmica dos empregados – uma competência pouco desenvolvida por grande parte deles –, e a sua preparação para ocupar várias posições dentro da mesma empresa, o que eleva sua empregabilidade e capacidade produtiva.

Além dos benefícios para os empregados, esta ação também prepara pessoas para ocuparem posições de outros, em caso de promoção, doenças, ausências etc., diminuindo a dependência das pessoas, elevando a adaptabilidade dos empregados ao contexto competitivo.

Não ter quem esteja preparado para ocupar o seu lugar, leva-o a ter de permanecer nele por mais tempo do que gostaria. Quantas vezes não escutamos a frase: "Se você for transferido ou promovido, quem vai fazer suas atividades no mesmo nível de qualidade?"

6) Atuar como *coach*

O líder no papel de *coach* auxilia o empregado na identificação de seus talentos, de seus objetivos estratégicos e na construção de ações práticas que auxiliem o empregado a alcançar êxito em seus propósitos, de forma mais eficaz e em menor tempo.

O nível de despreparo dos empregados na condução de sua própria carreira ainda é elevado. Mesmo para a geração Y, que já está mais inserida nesse contexto, é relevante estimular a reflexão sobre os caminhos que cada um deve construir para alcançar seus objetivos.

A atuação do líder facilita ao empregado:

- Identificar seus talentos e áreas de melhoria que estejam impactando seu desempenho ou objetivos;.
- Discutir modelos mentais e crenças limitantes que impeça ou dificulte a sua atuação.
- Definir claramente os objetivos de carreira.
- Elaborar estratégias e ações que lhe permitam alcançar os objetivos individuais e, por conseguinte, o crescimento da empresa.

- Identificar possíveis obstáculos na implementação das ações e estratégias, construindo assim um plano para atuar caso seja necessário.
- Auxiliar na construção de um plano de desenvolvimento.

A atuação do líder como *coach* do empregado envolve a definição clara deste papel, pois *coaching* não é terapia.

É fundamental estabelecer a frequência dos encontros para discutir as questões acima e esclarecer com o empregado sobre seu comprometimento na realização/implementação das ações a executar.

A frequência dos encontros vai depender do grau de desenvolvimento/interesse do empregado.

Algumas empresas contratam *coach* para seus colaboradores, o que não exime o líder de atuar como *coach* de seus empregados.

7) Reconhecer e recompensar os empregados

O que motiva o empregado? O reconhecimento e a recompensa têm significados bem diferentes de pessoa para pessoa. Para alguns, a melhor forma de reconhecimento é patrocinar cursos de aperfeiçoamento para seu desenvolvimento; para outros, é a liberação para participação em eventos externos de interesse pessoal, prêmios, viagens etc. Seja qual for o motivo, todos temos um. O Inventário do Empregado pode ser uma ferramenta aliada na descoberta do que motiva cada empregado.

Numa escala de motivação, tudo o que a empresa faz de forma geral e para todos, gera um grau de estímulos até o nível 6. O que o gestor faz com seus empregados de forma generalizada, eleva este grau para 8. Finalmente, o que o líder faz de forma singular e única para cada empregado, chega ao grau 10!

Ações nesta dimensão exigem do gestor:

- Definir claramente os comportamentos de entrega e resultados esperados de cada empregado.
- Definir políticas claras e transparentes de reconhecimento, recompensa e política de consequência para os que não fizerem.
- Acompanhar sistemática e estruturadamente as ações negociadas com cada colaborador.
- Estabelecer *feedbacks* pontuais e periódicos com o empregado.

- Reconhecer e recompensar pelo alcance dos resultados.
- Definir planos de ação para orientação e adequação do empregado, favorecendo o alcance dos objetivos traçados.

A ausência de reconhecimento e recompensa pode desmotivar os colaboradores e impactar nos resultados da unidade.

Sabemos que nem sempre é possível recompensar os colaboradores na intensidade desejada por estes e pelo gestor, entretanto, o reconhecimento – instrumento essencialmente emocional – é fundamental na motivação dos empregados.

O reconhecimento por meio de *feedback*, conforme comentado, carece de melhores práticas. Elogiar um trabalho bem feito é acessar uma usina de força que alimenta a alma humana de alegria e felicidade.

É papel do líder estimular o reconhecimento também entre pares, ou seja, entre os colegas. Isto eleva o espírito de cooperação e melhoria do clima organizacional.

8) Possibilitar desafios que auxiliem os empregados a expandirem seus potenciais

O ser humano é rico em potenciais, mas na maioria dos casos é imperceptível para ele mesmo. Expandir os potenciais é ir além do ponto de chegada tradicionalmente alcançado. É elevar a *performance*, é sentir-se maior e melhor, poderoso e feliz por ultrapassar a tradicional barreira.

Esta é uma das muitas tarefas desafiadoras e belas no exercício da liderança.

Conduzir este processo com o empregado exige não somente a vontade de vê-lo crescer, mas também a capacidade de análise sobre seus potenciais, bem como a identificação das crenças e medos que impedem ou bloqueiam a atuação do empregado. Portanto, cabe ao líder:

- Identificar, em conjunto com o empregado, seus sonhos e objetivos estratégicos.
- Auxiliar o empregado em sua capacitação técnica para o desempenho de tarefas extras.
- Identificar pequenas ações que o empregado possa executar e o leve a incrementar sua autoconfiança.
- Definir com o empregado um desafio que possa ser assumido como possível.

- Acompanhar e instrumentalizar o empregado com os recursos necessários para a realização do desafio.

- Auxiliar o empregado se porventura este cometer algum erro, ou diminuir a crença de que consegue alcançar o objetivo.

- Comemorar com o empregado a glória de conquistar mais um desafio em sua carreira.

Os estudos sobre autoestima estão avançados e sinalizam que indivíduos que conseguem superar seus limites em uma ação, criam forças/crenças que o auxiliam a superar outros desafios. Atuar nessa dimensão é criar vencedores/heróis.

9) Comunicar as diretrizes da empresa, as ações e resultados esperados, tornando a comunicação transparente e acessível

Um dos maiores problemas identificados no mundo organizacional é a comunicação. Este problema afeta diretamente a carreira dos empregados, quando não há clareza sobre o que é esperado deles, e acabam investindo uma grande quantidade de energia em caminhos e ações que não necessariamente são os desejados pela empresa.

Considerando isto, cabe ao gestor:

- Apresentar as diretrizes da empresa, explicando o porquê de cada uma delas, proporcionando ao empregado o entendimento – esta ação gera significado para o empregado e potencializa seu engajamento.

- Dizer claramente que ações são esperadas que o empregado cumpra – o óbvio tem que ser dito.

- Informar que resultados são esperados, considerando as variáveis: tempo de realização e nível de qualidade esperado.

10) Disponibilizar estrutura e suporte para que os empregados tenham condições de dar o seu melhor no desempenho de suas atividades

Este item complementa o anterior. Na medida em que o empregado é informado sobre o que é esperado dele, cabe ao gestor disponibilizar estrutura e recursos para realização das atividades.

Sabemos que nem sempre é possível ter todos os recursos desejados, neste sentido, cabe ao gestor oferecer as condições mínimas para que o empregado não se sinta boicotado, ou mesmo frustrado diante das poucas condições possíveis.

11) Apresentar uma postura gerencial calcada nos altos padrões de ética, justiça e respeito com os empregados, possibilitando uma relação de confiança

Segundo dados da Great Place to Work, confiança é fator determinante no estabelecimento de uma relação no mundo organizacional. Quando existe respeito e confiança, é possível a troca, a cooperação e o estabelecimento de uma relação de respeito e admiração.

Na mesma linha, Posner e Kouses (2003) afirmam que "apontar o caminho" é mais que dizer o que fazer, é ser um exemplo. Atuando desta forma, o líder é uma inspiração para o empregado na gestão de sua carreira, propicia a troca de experiências e dicas que o auxilie nas ações do dia a dia e na construção de planos que favoreçam o alcance dos seus objetivos de carreira.

Em uma pesquisa, foi apontado que os empregados não estão demitindo as empresas de suas vidas e sim as chefias. Aquelas que não se fazem respeitar e não são exemplos para seus colaboradores.

No filme *Invictus*, Mandela afirma que em alguns momentos precisamos de "pessoas que nos inspirem", nada melhor que seja o superior imediato.

12) Liberar e incentivar o empregado a participar de processos seletivos internos e viabilizar sua transferência para outras áreas da organização

Esta é uma questão muito frequente em algumas empresas. O empregado se esforça no desenvolvimento de conhecimentos, habilidades e atitudes para ocupar uma nova vaga dentro do mesmo departamento ou em outra área da empresa, e o gestor dá um parecer desfavorável, justificando que o empregado é essencial para a área por não ter ninguém que possa substituí-lo.

Às vezes, a situação realmente é grave e torna-se inviável liberar o empregado em função das entregas e resultados esperados da área. Entretanto, se esta ação for frequente, desmotivará a equipe e dificultará a atração de novos talentos.

13) Apresentar pessoas que auxiliem o empregado na sua rede de relacionamento

Hoje, as vagas existentes são, na maioria, preenchidas por indicação. É esperado que os gestores apresentem seus empregados para gestores de áreas em que seu colaborador deseja trabalhar.

Apesar do desafio e dispêndio de tempo da liderança para a realização de todas as ações propostas neste capítulo, é prazeroso fazer parte do desenvolvimento do empregado e de sua carreira; perceber que sua atuação favoreceu também o alcance das metas organizacionais com mais facilidade. Mas, acima de tudo, é ter a certeza de ter feito a diferença na vida de um ser humano, com seu exemplo, ações e, sobretudo, generosidade e respeito.

Mais que preparar empregados, esta atuação forma seguidores e discípulos que irão agradecer e reverenciar a atuação do líder.

CAPÍTULO 4

A Organização e a Gestão de Carreira

A verdadeira viagem da descoberta não consiste em procurar novas paisagens, mas em ter novos olhos.
(Marcel Proust)

CAPÍTULO 2

As organizações fazem parte da nossa vida. Nascemos em hospitais, estudamos em escolas, fazemos compras em supermercados, pagamos contas em bancos, trabalhamos em diversos ambientes, vamos ao cinema, e assim por diante. Nosso dia a dia está diretamente relacionado às organizações que exercem um papel importante na sociedade.

Quem já teve a experiência de trabalhar numa organização ou mesmo de estudar em uma escola, sabe o tamanho da influência que elas exercem em nossas vidas e no nosso planeta, por meio de seus produtos, políticas e processos.

O ser humano é participante desta unidade social e as organizações devem considerar a complexidade humana presente nas relações.

As organizações não são algo substantivo, concreto e que existe independente das pessoas que a constituem. Emoções, valores, crenças, perfil, sentimentos e atitudes das pessoas também são elementos que influenciam o mundo corporativo.

As organizações buscam atingir seus objetivos organizacionais. Como indicam Balassiano e Costa (2010: 16), "as pessoas são levadas a buscar lá o seu sucesso, o seu prazer e seu crescimento profissional, utilizando-se de suas capacidades no mesmo lugar onde terão que buscar a sua própria sobrevivência".

Não é difícil perceber que conciliar os interesses organizacionais com as necessidades das pessoas que nelas trabalham é algo complexo. Na realidade, a vida do trabalho é, por definição, conflituosa.

Por mais instigante que seja discutir esta relação, à luz das teorias organizacionais e comportamentais, o foco deste capítulo é discutir a gestão de carreira na perspectiva da organização, que engloba políticas, procedimentos e decisões ligadas à carreira na empresa.

Sendo unidades sociais, as organizações devem estruturar e organizar o trabalho. Segundo Zanelli *et al.* (2004: 93), as definições das características estruturais da organização podem ser agrupadas em mecanismos de divisão e coordenação. O trabalho precisa ser dividido, pela sua complexidade, entre as pessoas. Com essa divisão, nasce a necessidade de que as ações das pessoas sejam coordenadas ou articuladas de modo a gerar o produto final, resultado da ação coletiva.

É com esta abordagem que discutiremos como podem ser construídas e gerenciadas as carreiras nas organizações.

1 – ESTRUTURAS ORGANIZACIONAIS E GESTÃO DE CARREIRA

Existem diferentes possibilidades de arranjos ou estruturas organizacionais. A forma como a organização do trabalho está estruturada influencia o comportamento das pessoas. Segundo Bastos; Loiola; Queiroz & Silva, ao ingressar numa organização, os indivíduos já encontram uma estrutura social, um sistema de normas, valores e expectativas que continuam com a sua saída. As organizações subsistem no tempo para além das pessoas que as integram.

Apesar de parecerem algo concreto, já vimos que as organizações são unidades sociais, e mesmo aquelas características que parecem mais objetivas, como a própria estrutura, a hierarquia, as descrições dos cargos etc. são produtos de decisões individuais.

A metáfora da canção *Morena de Angola* de Chico Buarque exemplifica a relação de interdependência e múltipla influência entre o ambiente e o indivíduo, e serve também para exemplificar esta relação de dualidade entre a organização e o empregado: "Morena de Angola que leva o chocalho amarrado na canela. Será que ela mexe o chocalho ou o chocalho é que mexe com ela [...]."

Aceitar esta relação de interdependência entre a organização e o empregado é fundamental para compreender as limitações e diversidades dos planos de carreira desenvolvidos e implementados pelas diferentes organizações. O empregado não pode ser visto como um agente passivo que reage mecanicamente aos eventos. Ao contrário, ele age e reage, analisa, faz escolhas, toma decisões e influencia o processo.

A gestão de carreira em uma organização está ligada à sua estrutura organizacional. É por meio da arquitetura organizacional que se estabelecem as ligações entre as pessoas e o trabalho. É por meio dela que se pode "diferenciar as partes de uma organização e, simultaneamente, manter tais partes interligadas, criando e reforçando, no interior dos grupos e entre os grupos, relações de interdependência, de previsibilidade e de hierarquia." (Bastos; Loiola; Queiroz & Silva).

Todavia, ainda se percebe a tendência das pessoas em planejar as suas carreiras olhando somente para o organograma da empresa e/ou para o plano de cargos e salários.

Desta forma, é importante conhecer os tipos de organização e, para isso, utilizaremos a base conceitual dos autores citados neste item, pois, segundo eles, as organizações podem ser divididas em três grandes categorias:

a) **Organização pré-burocrática:** Caracterizada por estruturas simples; empresas pequenas com número reduzido de empregados, onde todos se reportam diretamente ao chefe. Têm pouca formalização, são pouco complexas e possuem um baixo grau de departamentalização. Geralmente são encontradas nas fases iniciais da constituição das empresas. Exemplos: mercearia, butique, posto de gasolina, agência de viagens etc., além das empresas em início de constituição.

b) **Organização burocrática:** Encontrada em empresas cuja padronização é a palavra-chave. Independe do tamanho, o que prevalece é uma elevada diferenciação horizontal e vertical, estruturas rígidas e baseadas na autoridade e hierarquia bem definidas. Exemplos: bancos, grandes lojas de departamentos, órgãos públicos, grandes empresas têxteis e siderúrgicas, entre outros.

c) **Organização pós-burocrática:** Surgidas nas décadas de 1960 e 1970, quando a estrutura ideal passou a depender da adequação entre a organização e seu ambiente. Uma adequação dependente de uma série de fatores contingenciais, como: tecnologia, pessoal, tamanho, idade, estratégia e assim em diante. Essas empresas são caracterizadas por uma estrutura mais horizontal, estimulam o *empowerment,* enfatizam a importância das competências organizacionais e reconhecem o conhecimento como o ativo mais intangível que alavanca uma organização.

Novas estruturas também possuem diferentes formatos organizacionais:

a) **Organização em rede:** "Envolve uma pequena organização central vinculada a um conjunto de outras organizações, que desempenham as funções de fabricação, distribuição, marketing, ou qualquer outra, com base em um contrato." (Bastos; Loiola; Queiroz & Silva). A grande vantagem deste tipo de organização é assegurar uma maior flexibilidade e descentralização. Nas redes, os vínculos são horizontais, o que diferencia é uma arquitetura social, e o que mantém essa rede unida são os vínculos de confiança entre os seus elementos.

b) **Organização virtual:** As redes organizacionais podem ser comunidades presenciais ou virtuais. Uma organização virtual caracteriza-se quando a tecnologia é o que a mantém conectada à rede de fornecedores e parceiros. A amazon.com é um exemplo de organização virtual.

Portanto, a arquitetura organizacional está cada vez mais complexa, modificando as formas de relações de trabalho e, consequentemente, a visão sobre a gestão de carreira.

2 – CARREIRAS ORGANIZACIONAIS

As carreiras são formadas por interações entre pessoas e organizações, que acontecem num contexto histórico social, político e econômico.

Assim, é fácil perceber que, à medida que o mundo se transforma, as organizações mudam, as pessoas mudam e, por conseguinte, as relações no trabalho, impactando nas estruturas organizacionais e nas carreiras.

Carreiras tradicionais e suas implicações nas organizações

As carreiras tradicionais, também conhecidas como organizacionais, ainda são encontradas em muitas empresas. Geralmente são grandes organizações, órgãos e empresas públicas que podem oferecer carreiras mais duradouras. Porém, a maioria das empresas já não pode oferecer carreiras vitalícias e perspectivas profissionais de longo prazo.

Assim como existem diversas formas de arquitetura organizacional, as carreiras podem ter vários desenhos e naturezas diferentes, como indica Dutra (2010):

a) Operacionais: Carreiras ligadas às atividades-fim da empresa exigem alto grau de estruturação. Geralmente encerram-se em si mesmas. É importante que a organização defina critérios de mobilidade para outras carreiras.

b) Profissionais: Carreiras ligadas a atividades específicas, geralmente, exigem pessoas com formação técnica ou nível superior (3º grau). As carreiras são definidas pelos processos organizacionais, como: Administração, Finanças, Informática, Recursos Humanos, Logística, Vendas etc.

c) Gerenciais: Carreiras ligadas às atividades de gestão da empresa. Em geral, estas posições são ocupadas por pessoas oriundas das carreiras operacionais ou profissionais que demonstraram talentos e competências para assumir cargos de gestão.

d) Carreiras paralelas: Também conhecidas como carreira em "Y" por terem uma base comum tanto para o braço técnico como para o braço gerencial, que permite ao empregado, num estágio mais maduro, optar pela carreira técnica ou gerencial. O objetivo das carreiras paralelas é valorizar os cargos técnicos na mesma proporção dos cargos gerenciais, possibilitando uma remuneração no mesmo nível ou até superior. Apesar de contribuir para a retenção do profissional técnico, este tipo de carreira necessita de cuidados na sua implantação e gestão, que serão abordados mais adiante.

O papel da organização, então, está em sinalizar as modificações futuras e preparar seus empregados para os desafios. Eventos informais – para divulgar áreas de crescimento na empresa e as oportunidades internas de recolocação – são bons exemplos de ações que possibilitam aos empregados pensar no futuro de suas carreiras.

Novas carreiras e suas implicações nas organizações

Se as carreiras organizacionais florescem em organizações maiores, preferencialmente em economias mais estáveis, com oportunidades de emprego mais generosas, as novas carreiras (proteana, sem fronteiras e as inteligentes, descritas no capítulo 1) são frutos de um ambiente altamente competitivo, com necessidade de flexibilidade e de desenvolvimento contínuo.

Balassiano e Costa (2006: 91) explicam que as organizações precisam adotar práticas gerenciais compatíveis com a lógica proteana. Cabe-lhe:

- Ter estruturas flexíveis, que possibilitem aos empregados criar e trilhar uma carreira compatível com suas características individuais.
- Ter mobilidade facilitada, que permita ao empregado redirecionar a natureza de seu trabalho, buscando uma nova ocupação na mesma organização.
- Ter foco no autodesenvolvimento, por meio de um modelo de gestão por competências sintonizado com as prioridades organizacionais e com as necessidades individuais.
- Disponibilizar informações e recursos necessários ao gerenciamento individual de carreira.
- Compatibilizar o êxito profissional com a qualidade de vida pessoal.

Para manter os talentos nas organizações, é necessário prover tarefas desafiadoras e oportunidades de aprendizagem contínua.

Nas carreiras sem fronteiras, para as organizações atraírem um profissional com múltipla experiência e exigente, que trará para a organização seu conhecimento e sua rede de relacionamentos, sugerimos:

- Ofertar jornadas de trabalho flexíveis.
- Incentivar a participação de seus empregados em atividades extra-organizacionais.
- Oferecer oportunidade de desenvolvimento contínuo de conhecimentos e habilidades.
- Criar mecanismos de ascensão baseados em projetos, ao invés da progressão na estrutura organizacional.
- Compreender as possíveis rejeições de oportunidade de carreira por razões pessoais ou familiares.

Carreiras sem fronteiras e carreiras inteligentes são modelos relativamente novos e com pouca literatura. Alguns cuidados devem ser observados, principalmente no contexto brasileiro, em que as organizações geralmente têm uma postura de proteção e provimento. O paternalismo ainda está presente em muitas empresas. É necessário avaliar os custos emocionais e físicos para os empregados ao impor esta postura de gestão de carreira.

3 – AS GERAÇÕES E SUAS IMPLICAÇÕES NA GESTÃO DE CARREIRAS

Por um lado, as organizações são impulsionadas a modificar suas estruturas de emprego e buscar alternativas em razão da nova lógica social e econômica. Por outro lado, enfrentam o desafio de lidar com grupos cada vez mais heterogêneos de empregados, em decorrência das diversas características das pessoas e diferentes gerações.

Esta riqueza de pensamento e atitudes é o que torna o mundo do trabalho tão excitante e desafiador. Conviver com diferenças faz parte do processo de desenvolvimento e aprendizagem do ser humano, seja nas suas relações pessoais ou profissionais.

Para as organizações e suas lideranças, fica a tarefa de compreender que, dependendo da geração, existem posturas e atitudes diferentes perante a vida e o trabalho que não podem ser ignoradas. A gestão de carreira nas organizações deve contemplar, além da estrutura de ascensão profissional, as diversas ambições e características de cada faixa.

No mercado de trabalho atual convivemos com quatro gerações:

a) *Baby Boomers*: Nascidos entre 1946 e 1964. Ingressaram no mercado de trabalho brasileiro numa época em que a relação de emprego ainda tinha uma conotação mais duradoura e permanente. Suas carreiras eram definidas pela própria organização numa hierarquia estruturada em níveis verticais. Valorizam o *status* e a ascensão profissional dentro da empresa, à qual são leais.

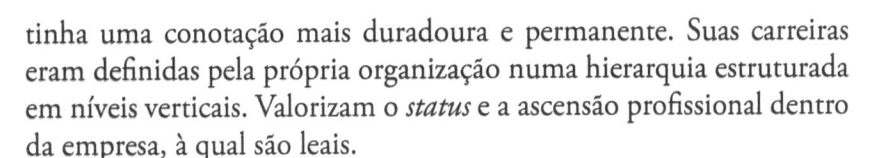

b) Geração X: Nascidos entre 1965 e 1977. Ingressaram no mercado de trabalho no auge das reestruturações, reengenharias, terceirização e *downsizing* no Brasil, quando a segurança e a estabilidade no emprego foram abaladas. Esta geração tem uma postura mais cética e menos leal, no sentido de buscar a sua empregabilidade e as oportunidades de desenvolvimento contínuo.

c) Geração Y: Nascidos entre 1978 até metade da década de 1990. O avanço tecnológico marcou os anos 1990 no Brasil, e esta geração entrou num mercado de trabalho altamente competitivo e volátil. Cresceram em contato com as tecnologias de informação e sua postura é mais individualista. Defendem suas opiniões e priorizam o lado pessoal em relação às questões profissionais. Valorizam a possibilidade de crescimento profissional e o desenvolvimento de relações (*network*) que proporcionem novas oportunidades de trabalho.

d) Geração Z: Nascidos a partir da segunda metade da década de 1990. As pessoas dessa geração são conhecidas como nativas digitais, pois estão muito familiarizadas com a World Wide Web (www) e extremamente conectadas à rede.

4 – GESTÃO DE CARREIRA NAS EMPRESAS SOCIALMENTE RESPONSÁVEIS

Vimos no início deste capítulo que as organizações fazem parte da nossa vida e que exercem uma influência direta na vida das pessoas e no planeta, por meio de seus produtos, políticas e processos. Por serem unidades sociais, têm a obrigação de agir no melhor interesse da sociedade. A noção de que qualquer organização deve estar a serviço de uma sociedade maior e não apenas do seu dono, incorpora a noção de responsabilidade social.

As organizações devem ser espaços efetivos de desenvolvimento das pessoas e da sociedade em que vivemos.

Segundo o Instituto Ethos, "responsabilidade social empresarial é a forma de gestão que se define pela relação ética e transparente da empresa com todos os públicos com os quais ela se relaciona e pelo estabelecimento de metas empresariais que impulsionem o desenvolvimento sustentável da sociedade, preservando recursos ambientais e culturais para as gerações futuras, respeitando a diversidade e promovendo a redução das desigualdades sociais".

A empresa socialmente responsável enxerga seus empregados como sócios. Tem como fator primordial desenvolver uma política de remuneração, benefícios e carreira que valorize as competências potenciais de seus empregados e invista em seu desenvolvimento profissional. Além disso, deve monitorar a amplitude de seus níveis salariais com o objetivo de evitar reforçar mecanismos de má distribuição de renda e geração de desigualdades sociais, efetuando ajustes quando necessário.

Desenvolvidos e revisados constantemente pelo Instituto Ethos, desde 2000, os indicadores Ethos de Responsabilidade Social Empresarial (RSE) têm auxiliado as empresas, em sua gestão, a incorporar conceitos e compromissos em favor do desenvolvimento sustentável.

Dentre os indicadores de RSE-2009, destacamos o Indicador "15", que aborda os aspectos de Política de Remuneração, Benefícios e Carreira, e classifica a organização em estágios. De acordo com o nível de aplicação destas políticas:

➤ Empresas consideradas no Estágio 1 buscam superar os pisos salariais firmados com os sindicatos.

➤ Empresas consideradas no Estágio 2 tratam os empregados como um recurso, estimulando-os por meio de remuneração e investimento em seu desenvolvimento profissional, segundo política estruturada de carreira, levando em conta as habilidades necessárias para o seu desempenho atual.

➤ Empresas consideradas no Estágio 3 valorizam competências potenciais, estimulando-as por meio de remuneração e investimento em seu desenvolvimento profissional, levando em conta sua capacidade de crescimento e o desenvolvimento de novas habilidades.

➤ Empresas consideradas no Estágio 4 tratam os empregados como sócios e, além de valorizarem competências potenciais, por meio da remuneração e do desenvolvimento profissional estabelecem mecanismos para que seus representantes participem da formulação de políticas de remuneração e benefícios, desenvolvimento profissional e mobilidade interna.

Práticas e políticas organizacionais de gestão de carreira, como aconselhamento sobre carreiras para auxiliar os empregados na reflexão sobre suas funções atuais, na identificação de objetivos de longo prazo e no planejamento de um plano de carreira e incentivos que encorajem os empregados a desenvolver seus talentos e educação, são algumas dicas para trilhar o caminho da responsabilidade social empresarial na gestão de carreira.

A organização, independente do porte, pode e deve contribuir também para o desenvolvimento futuro do mercado de trabalho. Participar de programas como: Meu Primeiro Emprego*, Adolescente Aprendiz** e oferecer vagas para Estágios***, além de destinar vagas específicas para a inserção de pessoas com deficiências no mercado de trabalho, são alguns exemplos de responsabilidade social.

Ao oferecer oportunidades de trabalho para pessoas em desvantagem social, a organização contribui socialmente em tirar o jovem da rua, melhorar a qualidade de vida das famílias, além de aumentar a autoestima dos jovens, preparando-os para o exercício profissional e consequente inclusão social por meio da inserção no mundo do trabalho.

A seguir, estão listadas as quatro orientações do Instituto Ethos para a implantação de um modelo de gestão de carreira:

a) Promova o desenvolvimento de carreiras: Considere inicialmente um programa que proporcione o planejamento e aconselhamento sobre carreiras, de forma a auxiliar os empregados na reflexão sobre suas funções atuais, na identificação de objetivos a longo prazo e no planejamento de sua carreira.

b) Crie um programa de aconselhamento: Elabore um mecanismo, formal ou informal, por meio do qual os empregados mais antigos possam transmitir a experiência profissional adquirida e aconselhar sobre a carreira. Permita a realização de encontros para este fim durante o horário de trabalho. Considere este item na avaliação de desempenho dos empregados e gestores.

c) Promova e recompense o desenvolvimento de talentos: Ofereça incentivos que encorajem os empregados a desenvolver seus talentos e educação. Considere a possibilidade de autorizar o empregado a realizar

---

* Lei nº 10.748/2003 – Programa Nacional de Estímulo ao Primeiro Emprego.
** Lei de Aprendizagem nº 10.097 – Projeto Adolescente Aprendiz.
*** Lei nº 11.788 – Estágio.

cursos durante o horário de trabalho, ou subsidiar e/ou reembolsar os custos de cursos profissionalizantes. Inclua a educação e o desenvolvimento de habilidades como itens da avaliação de desempenho.

Considere a possibilidade de dar gratificações, ou outra recompensa para aqueles que obtiverem certificação, graduação ou atingirem qualquer outro objetivo educacional.

d) Promova e encoraje o trabalho voluntário: Muitos empresários concluíram que empregados participantes de projetos comunitários se destacam na empresa por sua capacidade de trabalhar em equipe e pelo espírito de liderança.

Encoraje os empregados a participar de projetos da comunidade local e considere a possibilidade de autorizá-los a isso durante o horário de trabalho.

5 – PLANO DE CARREIRA

Nos itens anteriores, vimos que existem diferentes tipos de organização como: pré-burocrática, burocrática e pós-burocrática.

Os tipos de organização definem a sua estrutura. Por sua vez, a forma de divisão e coordenação do trabalho influencia as formas das carreiras organizacionais que se dividem em: tradicionais (operacionais, profissionais, gerenciais e paralelas) e novas carreiras (proteanas, sem fronteiras e as carreiras inteligentes). Tudo isso influenciado pela dinâmica do contexto histórico, social e econômico.

Neste emaranhado corporativo, o grande desafio é conciliar os variados interesses pessoais com os objetivos estratégicos da organização, de modo a atrair e reter pessoas competentes.

Considerando que as relações de trabalho se estabelecem em uma via de mão dupla, chamada carreira, o plano de carreira, também conhecido como plano de cargos, é a materialização, o instrumento formal da gestão de carreira na organização.

A estruturação de um plano de carreira pressupõe a definição dos objetivos estratégicos da organização e de todo um sistema de gestão de pessoas. Não existe um plano de carreira efetivo sem planejamento estratégico, sem a descrição dos requisitos, atribuições e competências dos cargos necessários para a realização dos objetivos da organização.

O plano de carreira também leva em consideração o tipo, a estrutura e o negócio da organização, bem como as formas de desenvolvimento dos empregados e da organização, as métricas de avaliação de desempenho e de recompensa.

Todavia, o mais importante é que um plano de carreira consistente e transparente auxilia o empregado a assumir o papel de gestão de sua carreira, dá suporte aos gestores na orientação e desenvolvimento de suas equipes, além de possibilitar a implantação de políticas de sucessão, recolocação profissional, mobilidade interna e preparação para aposentadoria.

Estruturar um plano de carreira consistente e aderente aos objetivos organizacionais e às expectativas dos empregados é o papel e a responsabilidade da organização na gestão de carreiras.

O plano de carreira é um ponto de conciliação de expectativas entre as pessoas e a organização.

Implicações do plano de carreira para o empregado

O plano de carreira é parte tangível do processo de gestão de carreira, que possibilita ao empregado conhecer os requisitos, atribuições, competências dos cargos e as formas de ascensão.

Partindo do pressuposto de que as pessoas têm um plano de desenvolvimento de carreira e que vão buscar nas empresas as oportunidades de realizar seus objetivos, o plano de carreira sinaliza quais competências, atribuições e responsabilidades das atividades deverão ser exercidas em cada cargo.

Temos que considerar que ao tentar construir suas próprias carreiras, as pessoas podem encontrar obstáculos organizacionais que dificultam atingir por completo seus objetivos, como as estruturas, as regras e os próprios planos de carreira.

As estruturas organizacionais mais modernas, flexíveis e com poucos níveis hierárquicos restringem a possibilidade de carreiras mais previsíveis. Muitas vezes, a falta de um plano de carreira faz com que as pessoas moldem suas carreiras menos em função das expectativas e desejos de desenvolvimento pessoal e profissional e mais numa adaptação constante às oportunidades que lhes são oferecidas, o que muitas vezes gera frustração e desmotivação.

Por isso, a importância da organização em estruturar e divulgar o plano de carreira, para que as pessoas possam fazer suas escolhas, contribuir para o desenvolvimento da organização e buscar sua realização pessoal e profissional.

Implicações do plano de carreira para a organização

Para a organização, o plano de carreira permite alinhar as habilidades e as competências técnicas e pessoais de seus colaboradores com seu planejamento estratégico, ao identificar metodologicamente a existência daqueles profissionais técnicos especializados e dos profissionais com perfil gerencial, fundamentais para o sucesso dos negócios.

Vimos que num ambiente competitivo, para as organizações sobreviverem, elas necessitam estar em processo contínuo de desenvolvimento, assim como as pessoas, pois sua mobilidade, tanto interna quanto no mercado de trabalho, depende do seu contínuo desenvolvimento.

Podemos dizer, então, que o desenvolvimento mútuo é o novo contrato entre os empregados, a liderança e a organização, formando o **ELO** da Gestão de Carreira.

A principal fonte de desenvolvimento das pessoas dentro das organizações é o exercício de atividades desafiadoras, com nível de complexidade maior. Partindo deste pressuposto, o plano de carreira torna-se a base de relacionamento entre a organização e seus empregados, sendo seu ponto de conciliação de expectativas.

Quando se pensa em plano de carreira, a ideia mais comum é de uma estrutura de cargos com ascensão vertical, em que as pessoas são promovidas, com mudança de cargo e aumento de salário.

Mas num contexto em que as estruturas organizacionais estão cada vez mais enxutas, com menos níveis hierárquicos, a progressão vertical se torna cada vez mais difícil e lenta. Como, então, atrair, potencializar e reter talentos, se o que as pessoas buscam é justamente uma maior velocidade de desenvolvimento e reconhecimento?

Não existe uma fórmula mágica, mas é possível identificar ações que possibilitem manter os talentos pelo maior tempo possível. O líder tem papel fundamental na medida em que é o canal entre a organização e os empregados e a quem cabe ouvir, orientar, dar *feedbacks* constantes e acompanhar o desempenho e o plano de carreira de cada membro de sua equipe.

A parte da organização está em prover novas formas de desenvolvimento e de carreira. A percepção de que o sucesso está relacionado apenas com a ascensão de cargos mais altos ainda persiste, mas, gradativamente, percebe-se que as pessoas estão dispostas a construir suas carreiras em função das oportunidades de desenvolvimento.

Vimos que a estruturação de um plano de carreira pressupõe não só a definição dos objetivos estratégicos da organização, mas de todo um sistema de gestão de pessoas. Todas as políticas de gestão de pessoas devem estar sob um mesmo modelo para que sejam integradas, dando maior agilidade e flexibilidade às constantes mudanças organizacionais.

Dada a importância da carreira como ponto convergente de expectativas entre as pessoas e a organização e, portanto, fator de atração e retenção de talentos, é importante compreender que o plano de carreira nutre-se e molda-se de acordo com as políticas de gestão de pessoas implementadas pela organização.

O modelo de gestão de pessoas por competências tem sido usado largamente pelas organizações como base para o desenvolvimento do plano de carreira. Outra forma de convergir as políticas de gestão de pessoas e o plano de carreira são os centros de carreira dentro das universidades corporativas.

O modelo de gestão de pessoas por competências permite implementar um plano de carreira baseado em competência e complexidade. Ao ver a carreira como degraus de complexidade, as promoções podem ser feitas no mesmo cargo, considerando que o empregado passou a tomar decisões mais complexas, criando um modelo de carreira horizontal. Este sistema possibilita que pessoas com um mesmo cargo tenham reconhecimentos diferentes.

A progressão horizontal minimiza as dificuldades impostas por uma carreira somente com progressão vertical, já que as estruturas e seus níveis hierárquicos estão cada vez mais enxutos e os talentos exigem progressão e reconhecimento mais rápidos.

Os centros de carreira nas universidades corporativas, por exemplo, são formas de suprir a necessidade de desenvolvimento contínuo dos empregados. Estes centros fornecem informações, capacitação, instrumentos e assessoria para desenvolver a competência do autogerenciamento de carreira, tais como: ferramentas de autoavaliação (testes para identificação de preferências profissionais, valores, competências, características de personalidade etc.), divulgação de oportunidades internas de recolocação, serviço personalizado de consultoria ou aconselhamento de carreira, entre outros.

A carreira em Y é uma opção para a retenção de talentos em áreas técnicas. Não é difícil encontrar organizações onde a carreira gerencial é vista como um prêmio ou como reconhecimento e não como uma nova carreira, ou como uma colocação profissional de natureza diferente. A consequência é que a organização perde um excelente profissional técnico e ganha um gerente muitas vezes despreparado. Logo, insatisfeito com a sua carreira.

Um plano de carreira adequado deve propor a criação de duas carreiras fundamentais – gestão e técnica – com equidade e estendida até o mais alto nível da carreira gerencial, de maneira que o profissional técnico não vislumbre uma posição gerencial como única forma de ascensão na carreira.

Obviamente, a gestão de carreira, com a implantação de um plano de carreira e todas as suas implicações nas demais políticas de gestão de pessoas, requer um investimento financeiro considerável.

A boa notícia é que, segundo a revista Exame/Você S.A., edição especial de 2010, com a matéria de capa *150 Melhores Empresas para Você Trabalhar*, "ficou comprovado que as 150 remuneram melhor seu pessoal, têm poder maior de retenção e possuem gente mais qualificada". Esta comprovação é resultante da comparação de dados das 150 melhores empresas na Relação Anual de Informações Sociais (RAIS), um instrumento de coleta de dados sobre trabalho, do governo federal.

A pesquisa apontou também que as pessoas buscam espaço para crescer, e que a possibilidade de fazer carreira na mesma empresa é valorizada e citada com orgulho pelos empregados das organizações onde isto é constatado.

Já a pesquisa publicada pela revista Época, sob o título *100 Melhores Empresas para Trabalhar*, edições especiais de 2009 e 2010, traz um dado interessante: das 100 melhores empresas para trabalhar, publicadas em 2009, 76 presidentes fizeram carreira dentro da própria empresa; já a edição de 2010, indica que 73 presidentes estão há mais de dez anos na empresa.

Outra informação importante, nas duas edições, se refere à valorização do desenvolvimento profissional por parte dos empregados, que traduzida em números, mostra que 68 das 100 empresas listadas, no mínimo 50% dos empregados responderam que o que mais valorizam é o desenvolvimento profissional, número exatamente igual nas duas edições, de 2009 e 2010.

Portanto, investimento em desenvolvimento profissional e em estruturação de plano de carreira são fatores essenciais quando se quer atrair e reter talentos.

Isto posto, reforçamos que o desenvolvimento mútuo é o novo contrato entre as pessoas e a organização, e que a carreira é a via que possibilita este desenvolvimento, sendo, assim, um ponto de conciliação de expectativas entre as pessoas e a organização.

A seguir, você encontra a lista das ações, programas e políticas que estas empresas oferecem, relacionadas à gestão de carreira, bem como outras sugestões, frutos de pesquisas e da experiência pessoal dos autores deste livro.

6 – GESTÃO DE CARREIRA - O QUE AS ORGANIZAÇÕES PODEM FAZER?

Nenhuma ação, programa ou política terá sucesso se não tiver credibilidade. A credibilidade pressupõe processos participativos e transparentes não só na concepção das estratégias, mas principalmente na sua comunicação.

Criar espaços para a participação dos empregados nas decisões que de um modo direto ou indireto afetam a sua vida – profissional e pessoal – é fundamental para a motivação no trabalho.

Não basta que a organização tenha um plano de carreira, é preciso, sobretudo, que os empregados tenham conhecimento dele, por meio de comunicação precisa e objetiva.

O gestor tem papel fundamental na disseminação das mensagens, na comunicação das mudanças, devendo informar e tranquilizar suas equipes.

➤ **Comunicação**, portanto, é a dica número um:

Ouvir, seja via canais informais de comunicação (relacionamento entre empregado e gestor), ou canais formais (ouvidoria, caixa de sugestões, fóruns, chats, blogs corporativos etc.).

➤ **Participação** é a dica número dois:

Definir estratégias que possibilitem a busca e o envolvimento das pessoas nos processos de mudanças, recolocação profissional, preparação, treinamento e desenvolvimento para as novas funções, são passos que trazem credibilidade às ações e programas.

Outras dicas:

➤ Investimento em desenvolvimento e capacitação.

➤ Avaliação de desempenho e bonificações.

➤ Valorização e retenção dos talentos.

➤ Programa de sucessão.

➤ Seleção e preparação cuidadosa de gestores.

➤ Respeito pelo empregado.

➤ Recrutamento interno.

➤ Planejamento de carreira.

Investimento em desenvolvimento e capacitação: Muitas das atividades exercidas nas organizações são repetitivas e sem variações, o que dificulta o aperfeiçoamento e o desenvolvimento dos empregados. Se considerarmos ainda que as jornadas de trabalho são extensas, deixar a responsabilidade pelo desenvolvimento por conta somente do empregado é, no mínimo, injusto. Por isso a importância de prover espaço e investimento para a atualização profissional.

Várias são as ações identificadas nas empresas:

- Definir os conhecimentos, habilidades e atitudes requeridos para o desempenho dos cargos e mapear as competências que precisam ser desenvolvidas e estabelecer um programa de treinamento *on-line* e/ou presencial para suprir tais deficiências.
- Definir um mapa de carreira na intranet para mostrar os conhecimentos, habilidades e atitudes necessários para ocupar outros cargos na organização e definir treinamentos para alcançá-los.
- Disponibilizar cursos específicos para quem quer seguir carreira técnica ou mudar de área de atuação.
- Separar os cursos por tópicos de conhecimento, como: liderança e gestão de pessoas, negócio, finanças, processos, mercado, técnico e geral, e dar autonomia para o empregado escolher quais deseja cursar.
- Treinar a liderança de modo a habilitá-la a explicar e discutir os objetivos do negócio, apoiar o desenvolvimento profissional de cada membro da equipe e saber dar e receber *feedback*.
- Treinar e desenvolver as lideranças para a condução e orientação da gestão de carreira de sua equipe.
- Dar condições para que o empregado com baixo desempenho possa executar um plano de ação para melhorar sua *performance*, incluindo treinamento e capacitação.
- Utilizar o modelo de avaliação de desempenho como base para a formatação de ações de desenvolvimento e aprendizado.
- Criar um programa que incentive os futuros aposentados a repassarem seus conhecimentos para alguém da equipe, ou para a equipe inteira, em troca de remuneração extra.
- Oferecer programas de bolsas de estudo para graduação, pós-graduação, idiomas, MBA, especializações atreladas ao desempenho e ao plano de carreira.

- Viabilizar veículos de comunicação horizontal (o próprio empregado pode gravar um vídeo informal com dicas sobre suas atividades, no estilo Youtube, por exemplo).

Avaliação de desempenho e bonificações: Este é o item de maior desafio para as organizações na gestão de pessoas. Na medida em que se criam práticas de diferenciação pelo desempenho, pelas competências ou complexidade, o desafio de tornar os critérios legítimos aumenta, porque aumenta também a subjetividade. Mas não há dúvidas de que a avaliação de desempenho ajuda a acertar o rumo e a acelerar a carreira.

Um sistema de avaliação de desempenho deve estar ligado a um modelo de gestão de pessoas e, como já mencionado, nossa sugestão é utilizar o modelo de gestão de pessoas por competências, que permite implementar um plano de carreira baseado em competência e complexidade, portanto, a avaliação de desempenho estaria também vinculada a esta metodologia.

A implantação de um sistema de avaliação requer um estudo detalhado da organização, para o qual recomendamos a contratação de uma consultoria especializada. Algumas dicas ou *insights* são possíveis com base no que já vem sendo feito pelas organizações:

- Atrelar a avaliação de desempenho a um plano de ação para orientar a carreira.
- Criar ferramentas para mapeamento de competências.
- Avaliar comportamentos valorizados pela empresa e os resultados obtidos pelo empregado.
- Aplicar a avaliação de desempenho/competência de 360 graus: superior direto, por pares do colaborador, funcionários de outras áreas para as quais ele presta serviço e subordinados, se for o caso.
- Aplicar avaliação semestral do cumprimento das metas e do comportamento interpessoal desejado.
- Atrelar o desempenho individual ao resultado alcançado pela equipe.
- Ter o *feedback* como prática gerencial, com base nas avaliações, dando suporte ao planejamento de carreira, inclusive com possibilidade de mobilidade interna.

Valorização e retenção dos talentos:

- Identificar e criar um *Talent Pool*, ou seja, um grupo de talentos potenciais.
- Formar comitês de gerentes e diretores, nos quais são discutidas as promoções e a identificação de talentos.
- Compor um *retention package* para os talentos, que inclui: remuneração, treinamentos específicos e benefícios.
- Abrir processos de seleção específicos para identificar talentos e desenvolvê-los com o uso de ferramentas apropriadas.
- Treinar os líderes, porque são estes que retêm os talentos.
- Reconhecer publicamente as competências dos empregados que se destacam, podendo ser convocados para atuar como instrutores e multiplicadores internos.
- Divulgar amplamente os valores da empresa, para que se possa contar com empregados que se identifiquem com eles; ter uma equipe engajada e capaz de superar adversidades.
- Nas empresas mais enxutas, onde o crescimento é lento, pode-se usar a substituição de quem está fora (férias, treinamentos, licenças) por quem ocupa uma função inferior, com remuneração compatível ao desafio assumido temporariamente. Esta ação gera substituições em cascata e possibilita o desenvolvimento profissional.

Programa de sucessão: O principal objetivo de um programa de sucessão é identificar as posições estratégicas para o negócio, assim como identificar e desenvolver potenciais talentos para ocupá-las. Por isso, o processo sucessório tem repercussão direta na identificação e retenção de talentos.

Não é possível pensar em sucessão se não houver um sistema de gestão de carreira e desenvolvimento. Embora crucial para a continuidade dos negócios, o processo sucessório deve ser feito com cautela para que não gere falsas expectativas e esperanças.

Nas empresas listadas nas pesquisas citadas, das revistas Época e Exame, *100 Melhores Empresas para Trabalhar* e *150 Melhores Empresas para Você Trabalhar*, respectivamente, são exemplos de ações referentes à sucessão:

- Identificar e mapear as funções mais críticas e postos-chave da organização.
- Oferecer programas de sucessão e desenvolvimento de líderes e sucessores.
- Validar a seleção de dois a três possíveis empregados para eventual substituição para cada cargo estratégico, por um comitê de executivos da empresa.
- Implementar o *talent review* – um instrumento para identificar pelo menos três possíveis sucessores para cada cargo de gestão e ajudá-los no seu desenvolvimento.
- Selecionar futuros sucessores para que recebam *mentoring* de diretores da empresa.
- Traçar um mapeamento sucessório para verificar quais são as pessoas em condições para assumir responsabilidades em cargos de maior complexidade e desenvolvê-las.
- Mapear as posições críticas e apontar as principais fragilidades e se há, ou não, pessoas capacitadas para assumir estas funções no curto e médio prazo.

Seleção e preparação cuidadosa de gestores: Praticar uma política de contratação/nomeação de gestores, buscando um perfil de gestão participativa, contribui para o desenvolvimento dos empregados, à medida que o nível de maturidade dos empregados, com relação à qualificação e motivação, esteja relacionado com o envolvimento na tomada de decisão.

Respeito pelo empregado: Muitas vezes percebe-se um cuidado especial das organizações com o empregado no início da carreira, com programas de integração, capacitação e treinamento; programas bem elaborados para *trainees* etc. Com o passar do tempo, há uma tendência a deixar por conta do empregado a responsabilidade pelo seu desenvolvimento e pela sua carreira; e poucas empresas oferecem programas para preparar seus empregados para os desafios e, inclusive, a transição para aposentadoria.

Questões como gerenciamento da crise da "meia carreira", recolocação profissional e programas de preparação para a aposentadoria ainda são raros nas organizações. Aliás, as organizações não podem se eximir desta responsabilidade. As pessoas contribuíram para o alcance dos objetivos organizacionais e não podem simplesmente ser descartadas para a vida.

Seguem alguns exemplos de ações identificadas nas organizações:

- Programas de recolocação profissional e centros de recolocação de empregados com treinamento intensivo para novos cargos.
- Suporte de consultores especializados para trabalhos de desenvolvimento ou mesmo de recolocação (*outplacement*), interna ou externa.
- Programas de *coaching* e *mentoring,* que podem ser usados tanto para gestão de carreira como em programas de sucessão, acompanhamento e orientação para crise da meia carreira, transição de carreira etc.
- Valorização da mulher, por meio de programas de inserção de mulheres em cargos de chefia; treinamento específico para mulheres e gestão de carreira como o *speed up,* para acelerar o seu desenvolvimento, incluindo sessões de aconselhamento.
- Programas de preparação para aposentadoria, de modo a preparar as pessoas para saírem da carreira ou da empresa a partir de um determinado ponto de suas trajetórias; pode incluir ou não a participação do cônjuge; propor ações para ajudar os empregados a lidar com este processo de transição de carreira, disponibilizando profissionais especializados em orientação de carreira e aconselhamento profissional; clube dos aposentados, com patrocínio de café da manhã mensal.
- Reconhecimento e valorização dos empregados com mais tempo de casa. Estes preservam a cultura interna e ajudam a construir a memória da organização. A empresa deve pensar na criação de programas que incentivem os futuros aposentados a repassar seus conhecimentos para alguém da equipe, ou para a equipe inteira, em troca de remuneração extra.
- Sistema de horários flexíveis. Avaliar a possibilidade de empregados com filhos passarem a ter a opção de trabalhar de casa uma vez por semana; ter iniciativas para que o volume e o tempo de trabalho não prejudiquem a vida pessoal dos empregados.
- Plano de salário compatível com o mercado, com uma política salarial transparente e com as regras de responsabilidade social empresarial; analisar o pacote de reconhecimento, recompensa e planejamento associado aos demais subsistemas de gestão de pessoas, tais como a avaliação de desempenho.

Recrutamento interno: Permite uma ampla mobilidade interna na carreira à medida que possibilita a mudança de área, de unidade e localidade. Seguem alguns exemplos de ações identificadas nas organizações:

- Criar um banco de potenciais; disponibilizar na intranet uma página pessoal, na qual o próprio empregado atualiza e registra os cursos feitos, os projetos em que participou, suas grandes conquistas, seus anseios e sonhos.
- Criar uma página pessoal na intranet, como um Facebook corporativo, na qual o empregado indica até três carreiras que gostaria de seguir.
- Valorizar a prata da casa, ou seja, privilegiar os empregados do quadro no provimento de vagas; verificar a pertinência de utilizar um modelo de carreira fechada, em que determinadas vagas são preenchidas somente internamente; a mobilidade interna oxigena o alto escalão, que muitas vezes é formado por profissionais com décadas de casa; acompanhar as designações de cargos em aberto e que foram contratadas fora da empresa pelo presidente ou comitê de carreira.
- Divulgar todos os cargos vagos na intranet com a descrição dos pré-requisitos, incluindo as competências requeridas, o perfil etc.
- Promover feiras de recrutamento interno, nas quais os empregados têm a possibilidade de se candidatarem a novos cargos e áreas.
- Realizar um evento informal a cada trimestre para divulgar as áreas de crescimento na empresa e as oportunidades internas de recolocação.
- Possibilitar a qualquer empregado, independente da formação, concorrer a um cargo.

Planejamento de carreira: As ações aqui descritas referem-se às possibilidades de promoção e crescimento na carreira, de realização de trabalhos desafiadores e importantes, da participação em projetos que aumentem a empregabilidade, na resposta aos anseios e planos de carreira, na clareza dos critérios de ascensão do plano de cargos e salários:

- Criar centros de carreira na Universidade Corporativa que inclui ações como: *coaching* executivo, com profissional externo; *mentoring* (qualquer empregado pode indicar três profissionais que admira para orientar sua carreira); programas do tipo "cuidando da minha carreira", em que os empregados constroem seu próprio plano de carreira e apontam aonde pretendem chegar; serviço personalizado de consultoria ou aconselhamento de carreira, que pode ser feito por consultores selecionados e capacitados internamente ou contratados externamente; programas de *coaching* e *mentoring*, que podem ser disponibilizados para orientação de gestão de carreira, planos de sucessão, crise da meia carreira, transição de carreira etc.; programas como o *Primeiro Emprego, Adolescente Aprendiz, Estagiários*, entre outros; mapa de carreira e autodesenvolvimento; programas corporativos de promoção do autogerenciamento de carreira.

- Mapear as competências que os empregados precisam desenvolver para desempenhar melhor sua função.

- Monitorar a carreira pelo mapa de competências avaliadas pelos empregados e gestores, e que também serve para o mapeamento de sucessão das lideranças.

- Ter critérios claros para a promoção dos cargos de todos os níveis hierárquicos.

- Estabelecer discussões e acordos entre gestor e empregados sobre o que é preciso fazer para alinhar os objetivos individuais às metas do negócio.

- Ter um Plano de Desenvolvimento Individual (PDI) ou *Employee Development Plan* (EDP), que permita planejar o crescimento do empregado de forma organizada e discutir com o líder quais são os interesses e as oportunidades futuras.

- Dar e receber *feedbacks*.

- Ter uma política de retenção de jovens, abaixo dos 30 anos.

- Estimular e proporcionar as promoções horizontais e entre departamentos para minimizar a dificuldade e lentidão da ascensão vertical.

- Ter um plano de carreira em Y.

- Dispor de programas para *trainees*.

- Promover *workshops* específicos para planejamento de carreira.

- Desenvolver os pontos fortes dos empregados, identificados em um perfil de competências que serão analisadas na hora de preencher um novo cargo.

- Desenvolver novas competências pela oportunidade de assumir novas responsabilidades no cargo atual.
- Ter um programa de oportunidades cujo objetivo é a promoção para um cargo no futuro.
- Dar a oportunidade de escolha entre carreira técnica ou gestão.
- Abrir um programa semestral de estágio para quem quer mudar de função – mediante inscrição e dedicação de seis horas semanais ao cargo pretendido. E, ao abrir uma vaga, o empregado estará preparado para concorrer a ela.

Muitas são as ações e os desafios para implementar estas políticas, entretanto, acreditamos que se a organização fizer a sua parte em parceria com líderes e empregados, estará contribuindo para a descoberta de talentos e pessoas que façam a diferença no mundo organizacional.

A perspectiva de elevação do número de empregos no Brasil para os próximos dez anos é alta. É fato que hoje já encontramos dificuldade no preenchimento de vagas. Resta, portanto, uma ação mais efetiva no desenvolvimento de parcerias entre os três componentes do **ELO** para acelerar o processo de capacitação, desenvolvimento dos empregados e líderes, dos existentes e dos que chegarão em breve.

Filmes

Considerando que a arte é uma excelente forma de aprendizado, segue uma lista de filmes que têm relação com o tema Gestão de Carreira, principalmente com a etapa I – autoconhecimento.

À Espera da Felicidade
As Confissões de Schmidt
Click
De Encontro com o Amor
De Porta em Porta
Encontrando Forrester
Erin Brockovich
Homens de Honra
Instinto
Jamaica Abaixo de Zero
Janela da Alma
Julie e Julia
Mr. Holland – Adorável Professor
O Advogado do Diabo
O Espelho tem Duas Faces
O Feitiço do Tempo
O Oitavo Dia
O Resgate do Soldado Ryan
O Sucesso a Qualquer Preço
Poder Além da Vida
Sociedade dos Poetas Mortos
Tempo de Recomeçar
Tempos de Paz
Um Golpe do Destino
Um Sonho de Liberdade
Wall Street: Poder e Cobiça

Poesias

Viver é acessar a dimensão poética que existe em cada um de nós. Olhar para si e fazer escolhas são duas ações que permeiam tudo que foi discutido. Neste sentido, apresentamos, entre as dezenas de poesias que tratam de "olhar para si" e "escolhas", duas que alimentam nossas almas.

O Homem no Espelho
Dale WimBrow

Quando conseguir tudo que quer na luta pela vida,
e o mundo fizer de você rei por um dia,
procure um espelho, olhe para si mesmo
e ouça o que aquele homem tem a dizer.

Porque não será de seu pai, mãe ou mulher
o julgamento que terá que absolvê-lo,
o veredicto mais importante em sua vida será
o do homem que o olha no espelho,

alguns podem julgá-lo modelo,
considerá-lo um ser maravilhoso,
mas ele dirá que você é apenas um impostor,
se não puder fitá-lo dentro dos olhos.

É a ele que deve agradar, pouco importa os demais,
pois será ele quem ficará ao seu lado até o fim.
E você terá superado os testes mais perigosos e difíceis,
se o homem no espelho puder chamá-lo de amigo.

Na estrada da vida, você pode enganar o mundo inteiro,
e receber tapinhas no ombro ao longo do caminho,
mas, seu último salário será de dores e lágrimas,
se enganou o homem que o fita no espelho.

The Road Not Taken
Robert Frost

Duas estradas separavam-se num bosque amarelo,
Que pena não poder seguir por ambas
Numa só viagem: muito tempo fiquei
Mirando uma até onde enxergava
Quando se perdia entre os arbustos;

Depois tomei a outra, igualmente bela,
E que teria talvez maior apelo,
Pois era relvada e fora de uso;
Embora, na verdade, o trânsito
As tivesse gasto quase o mesmo,

E nessa manhã nas duas houvesse
Folhas que os passos não enegreceram.
Oh, reservei a primeira para outro dia!
Mas sabendo como caminhos sucedem a caminhos,
E duvidava se alguma vez lá voltaria.

É como um suspiro que conto isto,
Tanto, tanto tempo já passado:
Duas estradas separavam-se num bosque e eu -
Eu segui pela menos viajada,
E isso fez a diferença toda.

Considerações Finais

Os desafios estão cada vez maiores. Parece impossível parar para pensar sobre gestão de carreira. No entanto, o que parece ser um tempo desperdiçado, na realidade é um investimento que impacta positivamente na velocidade do alcance dos nossos sonhos. Afinal, a gestão de carreira reflete em todas as dimensões da vida.

Desde 2009, quando iniciamos a condução de treinamentos de gestão de carreira, temos recebido vários retornos de pessoas que seguiram as etapas descritas no capítulo 2 e tiveram sucesso na realização de seus objetivos.

Há dezenas de livros sobre gestão de carreira com foco na atuação do empregado e poucos sobre o papel do empregado e da organização de forma integrada. O **ELO** propõe-se a enxergar **E**mpregado, **L**íderes e **O**rganização como corresponsáveis no alcance do êxito da gestão de carreira.

Mas, o que fazer quando o empregado, a organização ou a liderança não cumpre o acordado?

Quando a empresa ou a liderança não cumpre o seu papel, recai sobre o empregado a responsabilidade de procurar alternativas para suprir estas limitações, e identificar quais etapas da gestão de carreira, apresentadas no capítulo 2, devem ser revistas.

O importante é não renunciar à gestão da sua carreira, diminuir a *performance* ou mesmo desistir de seus sonhos. Ao desanimar em gerenciar sua carreira, você estará se punindo duas vezes: a primeira, por não ter uma chefia ou empresa adequada para seus objetivos e talentos, a outra, por reduzir sua oportunidade de fazer a diferença ou de fazer o seu melhor.

Quando o empregado não cumpre suas responsabilidades na gestão de carreira, cabe ao líder e à organização investigar as prováveis causas e atuar, se for o caso, com um plano de desenvolvimento individual, que pode ser, inclusive, um plano de recolocação profissional dentro ou fora da própria empresa.

Diante das constantes alterações das relações de trabalho, decorrentes dos acontecimentos e transformações do mundo atual, optar pela estratégia **ELO** é se fortalecer para enfrentar os desafios do dia a dia.

Como parceiros estratégicos, o **ELO** potencializa o alcance de um objetivo maior: a realização e a felicidade individual e o sucesso organizacional.

Referências Bibliográficas

BALASSIANO, Moisés; COSTA, Isabel de Sá Affonso (Orgs.). *Gestão de Carreiras. Dilemas e Perspectivas.* São Paulo: Atlas, 2006.

BOOG, Gustavo; BOOG, Magdalena. *Com-viver em Equipe. Construindo Relacionamentos Sustentáveis.* São Paulo: M. Books, 2008.

BUCKINGHAM, Marcus; CLIFTON, Donald O. *Descubra seus Pontos Fortes.* Rio de Janeiro: Sextante, 2008.

COYLE-SHAPIRO, J. A. M; SHORE, L.M.; TAYLOR, M.S.; TETRICK, L.E. *The Employment Relationship. Examining Psychological and Contextual Perspectives.* New York: Oxford University Press, 2005.

DOLAN, Simon L.; GARCIA, Salvador. *Gestão por Valores.* Rio de Janeiro: Qualitymark, 2006.

DUTRA, Joel Souza (Org.). *Gestão de Carreira na Empresa Contemporânea.* São Paulo: Atlas, 2010.

ÉPOCA, Edição Especial. *As 100 Melhores Empresas para Trabalhar 2009-2010.* São Paulo: Globo, 2009.

_____. *As 100 Melhores Empresas para Trabalhar 2010-2011.* São Paulo: Globo, 2010.

EXAME/Você S.A., Edição Especial 2010. *150 Melhores Empresas para Você Trabalhar.* São Paulo: Abril, 2010.

GARRETT, Alexandre; TACHIZAWA, Takeshy. *Crenças e Valores em Nossas Organizações.* São Paulo: Cultura, 2006.

GLADWELL, Malcolm. *Fora de Série: Outliers.* Rio de Janeiro: Sextante, 2008.

GOLEMAN, Daniel. *Inteligência Emocional.* Rio de Janeiro: Objetiva, 1995.

INSTITUTO ETHOS. Disponível em: <www.ethos.org.br>.

KOUZES & POSNER. *O Desafio da Liderança.* Rio de Janeiro: Campus, 2003.

KUCZMARSKI, Susan Smith; KUCZMARSKI, Thomas D. *Liderança Baseada em Valores*. São Paulo: Educator, 1999.

MINARELLI, José Augusto. *Carreira Sustentável: como enfrentar as transições de carreira e ter trabalho e renda dos 18 aos 81 anos*. São Paulo: Gente, 2010.

O'CONNOR, Joseph; SEYMOUR, John. *Treinando com a PNL*. São Paulo: Summus, 1996.

OLIVEIRA, Djalma de Pinho Rebouças. *Plano de Carreira. Foco no indivíduo*. São Paulo; Atlas, 2009.

PONTES, Benedito Rodrigues. *Você pode ter uma Carreira de Sucesso!* São Paulo: LTr, 2011.

ROSA, José Antônio. *Carreira: Planejamento e Gestão*. São Paulo: CENGACE, Learning, 2011.

SANTIAGO, Antônio Cláudio Queiroz. *As Competências das Pessoas. Potencializando seus Talentos*. 4.ed. São Paulo: DVS, 2008.

SCHEIN, Edgar H. *Identidade Profissional*. São Paulo: Nobel, 1996.

SMITH, Hyrum W. *O Poder de Viver seus Valores. O que mais importa*. 4.ed. Rio de Janeiro: Franklin Covey, Best Seller, 2007.

STONER, J. A. F; FREEDMAN, R.E. *Administração*. Rio de Janeiro: LTC. 1999.

TAMAYO, Álvaro; PORTO, Juliana Barreiros (Orgs.). *Valores e Comportamentos nas Organizações*. Petrópolis, RJ: Vozes, 2005.

TORO, Rolando. *Projeto Minotauro. Biodança*. Petrópolis, RJ: Vozes, 1988.

TRACY, Brian. *Consiga um Aumento e seja Promovido com Rapidez*. Rio de Janeiro: Sextante, 2011.

VELOSO, E. F. R.; DUTRA, J.S.; NAKATA, L.E. *Percepção sobre Carreiras Inteligentes: diferenças entre as Gerações Y, X e baby boomers*. XXXII Encontro da ANPAD. Rio de Janeiro, 2008.

WHITE, Aggie. *Planejamento de Carreira e Networking*. São Paulo: CENGACE, Learning, 2008.

ZANELLI, J.C.; BORGES-ANDRADE, J.E.; BASTOS, A.V. B. *Psicologia, Organizações e Trabalho no Brasil*. São Paulo: Artmed, 2004.

Anexos

ANEXO I - O ELO DA GESTÃO DA CARREIRA: PONTOS FORTES E A DESENVOLVER

PENSE EM VOCÊ. Nas suas qualidades, nos elogios que recebe, em tudo que você tem facilidade em fazer, nas coisas em que você é referência, nas suas virtudes, nos seus diferenciais competitivos. Estes são seus pontos fortes! **Liste-os abaixo:**

MEUS PONTOS FORTES

AGORA PENSE NAS COISAS QUE VOCÊ PRECISA MELHORAR. Quais são suas maiores dificuldades? Quais são seus comportamentos que os outros não validam? Quais são seus defeitos? Quais são suas fraquezas? Estas são as oportunidades de melhoria e que podem prejudicar sua carreira. **Liste-os abaixo:**

MEUS PONTOS A DESENVOLVER

ANEXO II - O ELO DA GESTÃO DA CARREIRA: INVENTÁRIO EXISTENCIAL

VALORES	Meus três valores mais importantes:
	1.
	2.
	3.
CRENÇAS	Minhas crenças positivas:
	1.
	2.
	3.
	Minhas crenças limitantes:
	1.
	2.
	3.
PERFIL	Aspectos e características mais predominantes do meu perfil:
TALENTOS	Meus cinco principais talentos:
	1.
	2.
	3.
	4.
	5.
MEDOS	Medos que limitam ou atrapalham a minha carreira:
ÂNCORA DE CARREIRA	Características da minha âncora de carreira:
COMPETÊNCIAS	Minhas cinco competências com maiores entregas e resultados:
	1.
	2.
	3.
	4.
	5.
SABERES	Meus conhecimentos especializados e meus diferenciais e experiências:

ANEXO III - O ELO DA GESTÃO DA CARREIRA: VALORES

Pense nas coisas mais importantes para você. O que te motiva? O que te faz agir?
Liste abaixo:

_____
_____
_____
_____
_____
_____

Da lista de 60 valores definidos por Tamayo e Schwartz e apontados por Tamayo & Porto (2005), abaixo, **selecione os 10 mais importantes para você:**

( ) LEAL (Ser fiel aos amigos e grupos).
( ) LIBERDADE (Liberdade de ação e pensamento).
( ) LIMPO (Ser asseado, arrumado).
( ) MODERADO (Evitar sentimentos e ações extremadas).
( ) OBEDIENTE (Cumprir meus deveres e obrigações).
( ) ORDEM SOCIAL (Estabilidade na sociedade).
( ) PODER SOCIAL (Controle sobre os outros, domínio).
( ) POLIDEZ (Cortesia, boas maneiras).
( ) PRAZER (Satisfação de desejos).
( ) PRESERVAR A MINHA IMAGEM PÚBLICA (Proteger minha reputação).
( ) PRESTATIVO (Trabalhar para o bem-estar de outros).
( ) PRIVACIDADE (O direito de ter um espaço pessoal).
( ) PROTETOR DO AMBIENTE (Preservar a natureza).
( ) GOZAR A VIDA (Gostar de comer, de sexo, lazer etc.).
( ) RECONHECIMENTO SOCIAL (Respeito, aprovação pelos outros).
( ) RESPEITO PELA TRADIÇÃO (Preservação de costumes vigentes a longo tempo).
( ) RESPEITO PARA COM OS PAIS E IDOSOS (Reverenciar as pessoas mais velhas).
( ) RESPONSÁVEL (Ser fidedigno, confiável).
( ) RETRIBUIÇÃO DE FAVORES (Quitação de débitos).
( ) RIQUEZAS (Posses materiais, dinheiro).
( ) SABEDORIA (Compreensão madura da vida).

( ) SAUDÁVEL (Gozar de boa saúde física e mental).

( ) SEGURANÇA FAMILIAR (Proteção para a minha família).

( ) SEGURANÇA NACIONAL (Proteção da minha Nação contra inimigos).

( ) SENSO DE PERTENCER (Sentimento de que os outros se importam comigo).

( ) SENTIDO DA VIDA (Um propósito na vida).

( ) SONHADOR (Ter sempre uma visão otimista do futuro).

( ) TRABALHO (Modo digno de ganhar a vida).

( ) UM MUNDO DE BELEZA (Esplendor da natureza e das artes).

( ) UM MUNDO EM PAZ (Livre de guerras e conflitos).

( ) UMA VIDA ESPIRITUAL (Ênfase em assuntos espirituais).

( ) UMA VIDA EXCITANTE (Experiências estimulantes).

( ) UMA VIDA VARIADA (Cheias de desejos, novidades e mudanças).

( ) UNIÃO COM A NATUREZA (Integração com a natureza).

( ) VAIDADE (Preocupação e cuidado com minha aparência).

Dos 10 selecionados, exclua 5 e fique com os mais importantes.
Liste os 5 selecionados abaixo:
_____
_____
_____
_____
_____

Ainda não terminou. Dos 5 que ficaram, **escolha os 3 mais importantes** e liste a seguir:
_____
_____
_____

O ser humano não tem somente três valores, mas estes que você selecionou são sua essência. Volte à pergunta 1 e reflita se estes 3 valores têm alguma ligação com as coisas que você listou como as mais importantes.

ANEXO IV - O ELO DA GESTÃO DA CARREIRA: CRENÇAS

1) Liste as coisas nas quais acredita sobre você:
___
___
___
___
___
___

2) Liste as coisas nas quais acredita sobre a vida:
___
___
___
___
___
___

3) De tudo que listou acima, reflita e selecione as crenças que te impulsionam na vida, que são positivas, que te auxiliam na vida pessoal e profissional. **Mantenha!**

Agora pense naquelas crenças que te limitam. **Desafie!**
Estas crenças fazem sentido? É possível mudar? Que crença(s) positiva(s) poderá(ão) substituí-la(s)?

Lembre-se: Crenças são generalizações que fazemos a respeito de nós mesmos, dos outros ou do mundo; modelam nosso olhar; e quando acreditamos em algo, nos comportamos como tal. Tire proveito das crenças positivas e descarte as limitantes. **Acredite, é possível!**

ANEXO V - O ELO DA GESTÃO DA CARREIRA: IDENTIFICAÇÃO DE PERFIL

Sites de empresas que oferecem testes de identificação de perfil:

Boog - Mapeamento Quatro Tipos
www.boog.com.br

DiSC Profile Personality Test
www.discprofile.com

MBTI – Myers-Briggs Type Indicator
www.cpp.com

Método Quantum
www.quantumassessment.com.br

Profiles Performance Indicator – PPI
www.profilesinternational.com

ANEXO VI - O ELO DA GESTÃO DA CARREIRA: TALENTOS

PENSE EM VOCÊ E NAS COISAS QUE FAZ OU PENSA DE MODO RECORRENTE, NO SEU DIA A DIA, EM CASA E NO TRABALHO.

Liste tudo que você faz com muito prazer, alegria e satisfação:
_____
_____
_____
_____
_____
_____

Liste tudo aquilo que você faz sem esforço, com velocidade e agilidade:
_____
_____
_____
_____
_____
_____

Liste tudo o que você faz com qualidade e é reconhecido por isso; e é prazeroso, natural:
_____
_____
_____
_____
_____
_____

Liste as coisas que você gosta de fazer quando tem tempo. As suas prioridades, que dão prazer a você:
_____
_____
_____
_____
_____
_____
_____

ESTES SÃO ALGUNS DOS SEUS TALENTOS. SÃO SEUS DIFERENCIAIS!
SUGESTÃO DE TESTE DE IDENTIFICAÇÃO DE TALENTOS:
O livro *Descubra seus Pontos Fortes* de Marcus Buckingham e Donald O. Clifton, dá acesso a um site com teste para descobrir seus cinco maiores talentos.

ANEXO VII - O ELO DA GESTÃO DA CARREIRA: MEDOS

"Originalmente, o medo é uma reação instintiva a perigos reais, vinculada às respostas de luta, fuga e evitação. O medo, portanto, é um mecanismo de sobrevivência. No entanto, a cultura com todas as suas normas, ideologias e tabus, perverte o instinto natural do medo, criando uma superestrutura de medos fictícios."

LEIA COM ATENÇÃO A RELAÇÃO ABAIXO E REFLITA SE ALGUM DOS MEDOS SE APLICA A VOCÊ.

MEDO DE VIVER
( ) De crescer e caminhar pela vida
( ) De mover-se livremente
( ) De situações de inferioridade (social, corporal, intelectual etc.)
( ) Do fracasso existencial
( ) Da pobreza
( ) Da rejeição dos outros/desqualificação
( ) De adoecer ou perder a energia
( ) De agressividade dos outros
( ) De envelhecer
( ) Da autoridade
( ) De ser insuficiente, incapaz de corresponder às próprias expectativas
( ) De se manifestar

EXPRESSAR OS PRÓPRIOS POTENCIAIS
( ) De expressar emoções
( ) De dizer "não" e de por limites
( ) De expressar sofrimento
( ) De expressar queixa
( ) De expressar raiva ou agressividade
( ) De inovação
( ) Da criação e de inovar
( ) Do ridículo e da difamação
( ) De manifestar sua opinião

Projeto Minotauro. Biodança. Rolando Toro. Ed. Vozes.

ANEXO VIII - O ELO DA GESTÃO DA CARREIRA: COMPETÊNCIAS

Assinale nas escalas abaixo as notas que você se dá nas seguintes competências:

1) **Comunicação Escrita**

Capacidade de construir textos.

Estou muito mal   Estou muito bem

0   1   2   3   4   5   6   7   8   9   10

2) **Comunicação Falada**

Capacidade de apresentar ideias para uma pessoa, um grupo, uma plateia, uma multidão.

Estou muito mal   Estou muito bem

0   1   2   3   4   5   6   7   8   9   10

3) **Criatividade e Inovação**

Capacidade de identificar soluções novas e diferentes e colocá-las em prática.

Estou muito mal   Estou muito bem

0   1   2   3   4   5   6   7   8   9   10

4) **Empreendedorismo**

Capacidade de identificar oportunidade de negócios, implementá-la e assumir seus riscos.

Estou muito mal   Estou muito bem

0   1   2   3   4   5   6   7   8   9   10

5) **Gestão da Informação**

Capacidade e disposição para buscar e selecionar informação, utilizando-a como subsídio para decisões profissionais ou pessoais.

Estou muito mal   Estou muito bem

0   1   2   3   4   5   6   7   8   9   10

6) Gestão da Mudança

Capacidade de perceber, identificar e se predispor a mudanças; desenvolvendo ou identificando estratégias para implementar, pondo em prática as ações em consonância com o plano estratégico.

Estou muito mal   Estou muito bem

| 0 | 1 | 2 | 3 | 4 | 5 | 6 | 7 | 8 | 9 | 10 |

7) Liderança

Capacidade de influenciar e inspirar indivíduos ou grupos para que realizem tarefas voluntariamente.

Estou muito mal   Estou muito bem

| 0 | 1 | 2 | 3 | 4 | 5 | 6 | 7 | 8 | 9 | 10 |

8) Negociação

Capacidade de fechar acordos mutuamente satisfatórios com a criação de um clima favorável e do exercício de ouvir.

Estou muito mal   Estou muito bem

| 0 | 1 | 2 | 3 | 4 | 5 | 6 | 7 | 8 | 9 | 10 |

9) Orientação ao Cliente

Capacidade e desejo genuíno de conhecer o cliente, identificando suas necessidades e desejos, expressos ou não, fornecendo soluções que atendam e superem suas expectativas.

Estou muito mal   Estou muito bem

| 0 | 1 | 2 | 3 | 4 | 5 | 6 | 7 | 8 | 9 | 10 |

10) Orientação ao Resultado

Capacidade e disposição para alcançar os resultados desejados, com o menor gasto de tempo e recursos, considerando: ética, valores individuais, missão e visão de cada um e os fatores externos.

Estou muito mal   Estou muito bem

| 0 | 1 | 2 | 3 | 4 | 5 | 6 | 7 | 8 | 9 | 10 |

11) Relacionamento Intrapessoal

Capacidade do integrar autoconhecimento, autodomínio e automotivação.

Estou muito mal   Estou muito bem

0   1   2   3   4   5   6   7   8   9   10

12) Relacionamento Interpessoal

Capacidade de entender e responder adequadamente ao comportamento do outro.

Estou muito mal   Estou muito bem

0   1   2   3   4   5   6   7   8   9   10

13) Tomada de Decisão

Capacidade de identificar e escolher entre as alternativas, aquela que seja melhor para implementar uma ação ou resolver uma situação.

Estou muito mal   Estou muito bem

0   1   2   3   4   5   6   7   8   9   10

14) Trabalho em Equipe

Capacidade e disposição genuína para atuar em grupo, de forma ética e colaborativa; respeitar as diferenças; compartilhar conhecimentos — tácitos ou explícitos; e contribuir com o seu melhor para o alcance de objetivos comuns.

Estou muito mal   Estou muito bem

0   1   2   3   4   5   6   7   8   9   10

15) Visão Estratégica

Capacidade de perceber e compreender as mudanças ao seu redor, pensar estrategicamente, visualizar o futuro e desenvolver meios para o seu alcance.

Estou muito mal   Estou muito bem

0   1   2   3   4   5   6   7   8   9   10

16) Visão Sistêmica

Capacidade de compreender o todo, a partir da identificação das partes de uma situação ou contexto, e perceber a interação e a interferência de uma parte sobre as demais.

Estou muito mal   Estou muito bem

0	1	2	3	4	5	6	7	8	9	10

> As competências que receberam as maiores notas na escala são seus pontos fortes. Mantenha e continue dedicando tempo a elas!
> As competências com menores notas, que impactam nos seus objetivos, merecem atenção. Pense em ações que você poderá fazer para se desenvolver e insira-as no seu planejamento.

FONTE: SANTIAGO, Antônio Cláudio Queiroz. *As Competências das Pessoas*. Potencializando seus Talentos. 4. ed. São Paulo: DVS, 2008.

ANEXO IX - O ELO DA GESTÃO DA CARREIRA: OPORTUNIDADES E AMEAÇAS

Pense na organização em que você trabalha ou gostaria de trabalhar. Como ela está posicionada no mercado? Qual a missão? Quais os valores da organização? Quais os desafios estratégicos? Que oportunidades internas existem para crescimento profissional?

Pense no mercado de trabalho de forma geral. Que profissional as empresas estão buscando?

Pense nos acontecimentos políticos, econômicos, sociais, tecnológicos, legais, locais e mundiais.

Releia os Anexos I – Pontos Fortes e Fraquezas e II – Inventário Existencial. Com base nestas reflexões, liste as oportunidades e ameaças para a gestão de sua carreira e para o alcance dos seus objetivos:

OPORTUNIDADES
Que oportunidades existem para você aproveitar seus pontos fortes, talentos, perfil, competências e saberes? Quais as oportunidades do mercado de trabalho?

AMEAÇAS
Que ameaças existem, considerando seus pontos fracos, medos, mercado de trabalho, organização em que trabalha ou quer trabalhar, que podem impedi-lo de atingir seu objetivo de carreira?

ANEXO X - O ELO DA GESTÃO DA CARREIRA: RODA DA VIDA

Permita-se refletir sobre cada uma das dimensões da sua vida.

1) Partindo do ponto zero no centro do círculo, marque a pontuação que você se dá para cada dimensão.

2) Pinte o círculo de acordo com as pontuações.

3) Analise seu gráfico e responda:

3.1) Qual o seu sentimento em relação ao resultado?
_____
_____
_____

3.2) O que você pode fazer para alterar significativamente as dimensões em que você precisa melhorar?
_____
_____
_____
_____

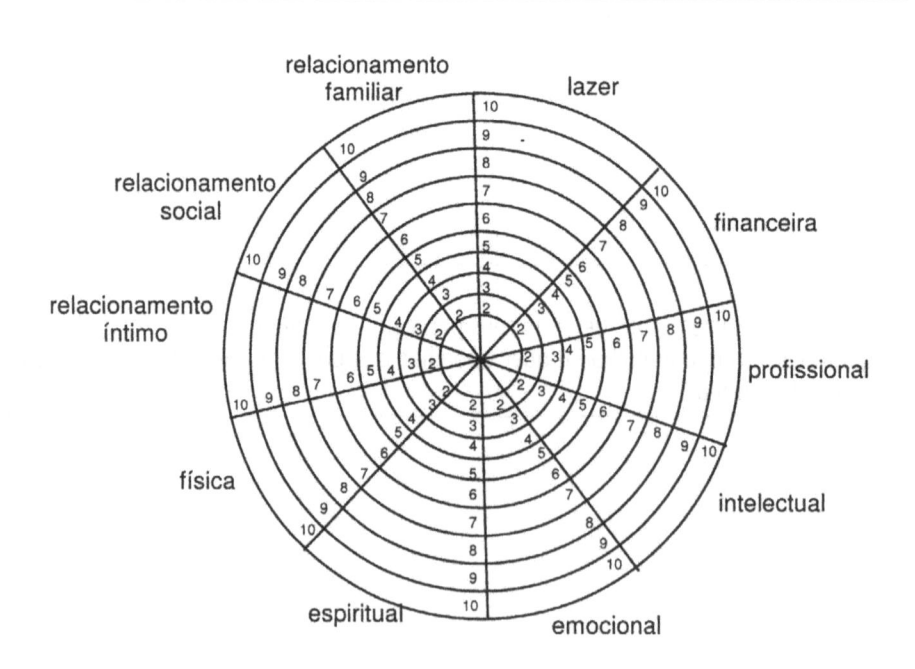

Leia também:

As Competências das Pessoas
Potencializando seus Talentos

www.dvseditora.com.br